苦苓開課，原來國文超好玩！

苦苓——著

目錄

第二章　食色性：有些東西，過了千年也不會變

第三章　志向：做人好難，做個有用的古人更難

第四章　小說：一本比一本還扯的中國四大小說

作者序

誰愛上國文？你馬幫幫忙！

如果學生時代，你喜歡上國文課，恭喜你。如果你不喜歡上國文課，很不幸，那是因為你沒有遇見我。

上國文課，你最討厭的應該就是要讀文言文（為什麼要讀古代的文章呢？直接翻譯成容易了解的現代文字不行嗎？），每一個字分開來都認得出，但是合起來卻一句話都不明白。所以你不但要看課本上的《注釋》，還要把它一個字一個字背起來，一點都不好玩！但是考試會考。

你一定曾經懷疑過：如果英文的莎士比亞可以翻譯成中文讓我們閱讀，我們也可以體會其中的優美和深刻；為什麼古文的蘇東坡就不能翻成白話文，讓我們一樣可以體會其中的優美和深刻？沒道理硬要讀一些死人寫的死文字吧？（例如「躓踣」是什麼意思？答案是跌倒！鬼才知道。）

不好意思，因為國文老師大部分時間都在解釋這個字是什麼意思、那個詞又是什麼意思，所以沒什麼時間教你體會文辭的優美和內容的深刻——而且那個又不考，別浪費時間了！

再說了，這篇文章是什麼意思、有什麼好處，課本上還有《題解》，你就照著背一背就好了，幹嘛花力氣、花時間自己去體會呀？還有很多科目要準備不是嗎？

至於寫了這篇好文章的文學家，課本上也有《作者》，像維基百科一樣把他的資料都列出來，有姓有名有號，有出身有背景有經歷……什麼都有，就是沒有「趣」。想想看：對於寫出〈赤壁賦〉這樣不但有人生觀而且有宇宙觀的偉大作家，學生們卻只忙著記他在黃州做什麼官、在杭州又做什麼官……真是對「青春」最大的浪費呀！

你的國文老師應該不會告訴你「名」和「字」有什麼關係，也不會告訴你某個作者除了做官和做文章，還做了哪些有趣的事：例如王維為了想考高分去跟公主私會，例如李白自稱放蕩不羈、其實一輩子想盡辦法做官，例如鄭板橋寫字畫畫都只是為了想多賺點錢……你看，這樣是不是「人性化」多了？會不會你就想多了解一點了？而不只是一直背背背……學生為了「背多分」，只會對著老師「講光抄」（糟糕！這個人你可能要問你爸媽，或者你爺爺奶奶才知道），這樣的國文課，真的是要喜歡也難。

課本裡除了文言文，也有一些白話文，現代人的文章大家總比較能夠理解了吧？可是因為太淺了、太白了，很多國文老師沒有《注釋》可以講，往往就不知道說什麼才好，這一課匆匆翻過，根本就「形同虛設」。

I No 唬爛 You！我的好友詩人吳晟，有一首詩被選入中學國文課本（那時課本還是國立編譯館統一編訂的），他本來很高興，後來很沮喪：因為他發現學生讀他那一課，都只是在背《作者》裡的「吳晟，本名吳勝雄，彰化溪州人，曾任溪州國中教師……」，最多再加上《題解》中的「本文描寫田園風光，細膩動人，呈現自然的農村生活情境」……完畢！有個學生一口氣背完，闔上書本還說：「嗯，這一課好簡單哦！」——吳晟沒有被氣得當場中風，還真是萬幸。

至於那些「不簡單」的，又是什麼文章呢？至少在我的高中課本裡，我記得的就有〈瀧岡阡表〉、〈先妣事略〉、〈先母鄒孺人靈表〉、〈祭妹文〉、〈祭十二郎文〉……統統都是一些「死人骨頭」（臺語）！中國文學史上那麼多好文章，祭文最多收個一篇兩篇就足夠了，竟然搞上這一大堆，愁雲慘霧、靠北靠母（臺語）……到底有什麼必要呢？

這樣的國文課會有學生喜歡，那才真是見鬼了！

好啦，大家都知道我是最不喜歡批評別人的（是嗎？我也很懷疑），就不要說過去的種種不是了。如果你當年不幸沒有讀到好的國文課本、遇到好的國文老師，讓你在國文課上不是「度估」（臺語：打瞌睡），就是吃泡麵或滑手機，那今天算你幸運，讀到了這本全臺灣、全華人世界、全球最有趣、最好玩、最有收穫（唉，這麼說實在不合我謙虛的本性，啊就事實呀）的國文課本，這是你此生最後一次喜歡上國文課的機會，務必要好好把握，讓你發現一個始終在你身邊，你卻沒注意到的全新領域，真的是受益無窮呀！

真的，不用太感謝我，我寫這本書，也只是為了彌補當年自己上國文課時的空虛與痛苦而已，「如果當初能上到這樣的國文課，我一定會很開心吧？」如果你看完這本書之後也這樣想，那我就可以瞑目了——沒有啦！我還沒有要死，我是說可以安息了——好像也是一樣的意思吼？

總之，現在就給你一個機會：打開這本書的任何一頁，找一個有小標題的地方開始看，如果看了兩頁你還沒有忍不住笑、還沒有大叫「我怎麼不知道？」、還沒有驚嘆「這個太有趣了！」的話，麻煩你把書放回書架，摸摸鼻子走出書店，然後默默的原諒自己：「唉，啊我就沒文化呀、沒求知欲呀、沒上進心呀……不然咧？」

那我也會原諒你，像這樣的你在生命中早已不知道錯過了多少東西，錯過這樣一本「千古奇書」也是理所當然。既然你的「人設」最多只能打怪、抓寶、追劇和無所事事，硬要你讀一點有內涵、有深度的文字，的確也是強人所難。

「好了好了，我買一本還不行嗎？哪有這樣冷嘲熱諷威脅強迫非要人家讀一本書的？」如果你終於這樣說了，那我也就放心了。

請不要怪我不擇手段「狂推」自己寫的書，紀德說：「文學是因讀者而存在的」，沒有你們，哪有我？你們就是我的繆斯女神，就是我的心靈港口，當然也是我的衣食父母（你買一本書，我大概可以拿到三四十塊的版稅），我在這裡給你們磕……太過了，鞠……也不必，點頭致謝就好了。哈囉，能夠讀到我的半生精華、心血結晶，應該是你們要向我致謝才對——糟糕！才想要謙卑一下，很快又露出原形了。

總之，就當作生平第一次，也是最後一次認真上國文課（怎麼聽起來有點風蕭蕭兮易水寒？對了，荊軻是個騙子你知道吧？），說不定你會從此愛上我，不是啦，愛上國文課也不一定。

第一章 生活

你的生活不是古人的生活

苦苓開課

1 洗澡篇

澡是洗手，洗是洗腳，所以洗澡就是洗手洗腳——那麼古人到底洗不洗我們現在這種澡？

「好了好了，洗洗睡了！」「沒洗澡不許上床哦！」這是我們在家裡常聽到的話，可見得洗澡已經是我們熱帶（由於地球暖化，臺灣已經從亞熱帶變成熱帶，不過這純粹是我自己說的）文明國家的人民，每天的例行公事了。

不是人人愛洗澡

不過你如果以為全世界的人都是天天洗澡，那你就大錯特錯了。

在寒帶，甚至在溫帶地區，因為天氣寒冷、氣候乾燥（有時候也因為水源取得不易），所以很少人是天天洗澡的。

在歐洲你如果住到歷史比較悠久的旅館，會發現「正常」的馬桶旁邊還有一個「半馬桶」，連著一根小水管和龍頭，那就是他們不洗澡的日子裡，專門用來清洗下身的。為什麼特別注重「這個地方」呢？呃，那當然是因為「會用到」，就像你如果沒有要吃水果，會沒事去洗水果嗎（這個比喻到底是否貼切，容我想一下）？

臺灣的旅行團住到這種旅館時，領隊都會特別叮嚀旅客不要去碰這個東西，萬一領隊忘了講，後果就很嚴重：有的人會用來上小號（另一個比較正式的才用來上大號），有的人用來洗衣服，也有一位歐巴桑以為是飲水機、還嫌人家位置做得太低——當然事後就再也沒有人敢告訴她真相了。

洗澡其實是洗手與腳

那麼你以為歐洲是蠻夷之邦，才這麼不衛生嗎？不是耶，古代中國人也是不天天洗澡的，證據就在「洗澡」這兩個字：澡是洗手，洗是洗腳，所以洗澡就是洗手洗腳——

哈！可以睡了。

回想你看過的古裝影片，是不是常有媳婦打一盆水幫老公洗腳的畫面？是不是洗完腳就上床睡覺了（帳子還要放下來，因為……你知道的嘛）？可見得不一定要「洗身軀」（臺語）才能睡覺。

甚至還有傳說西藏人一生只洗三次澡：出生、結婚和死掉，聽起來很「驚悚」，但是傳說傳說、他傳你說，我也不知道是真是假，就算真的有，也是很久以前的事了。

那古人到底洗不洗我們現在這種澡？當然洗！難道有人堅持不洗澡來把自己髒死，或者把別人臭昏的嗎？

沐浴才是洗全身

但是古人不叫洗澡，叫做「沐浴」：沐是洗頭，浴是洗身體，這可是生活中的大事，所以做晚輩的三天要燒一次水給父母洗頭，五天讓他們洗一次身體，「三沐五浴」，這都是有規定的。

當然所有的規定都是用來違反的（這一句真像格言，趕快抄起來！），並不是人人都會乖乖照做。不是規定做官的不能貪汙嗎？可是這些年來貪官們前仆後繼，有的關入鐵窗、有的逃亡海外（也很奇怪，每次判刑定讞要抓人坐牢了，他們就會很有「默契」的跑掉），還有很多根本還沒抓到，誰管你什麼規定啊？

中國光是一個海南島海口市的市委書記（相當於桃園市長吧！），一個人就可以貪汙一兆六百億臺幣，什麼規定？共產黨不是還有什麼「雙規」嗎？都規到哪裡去了？

洗澡才會換衣服

不過古人沐浴真的是大事，比較講究的會用香草煮水，一方面讓身體「洗香香」，一方面草的藥性也可以避毒，那你要不要猜一猜：一年裡的哪一天是「沐浴節」？答對了（因為怕你答不出來會尷尬，我搶先公布答案）！端午節。

也有的香味是用薰的，所以有「焚香沐浴」的說法。之後就要「沐浴更衣」——當然是全身洗乾淨了才會換衣服，如果只是洗澡（洗手洗腳）幹嘛更衣？

屈原先生（對，吃粽子、划龍舟那一位）還說：「新沐者必彈冠，新浴者必振衣」，就是說剛洗過頭的，一定要彈一彈帽子上的灰塵；剛洗過身體的，一定要抖一抖衣服上的灰塵：暱砍砍（你看看，第一個字要發四聲，後兩個字三聲，念念看，保證很傳神！）！古人也是很愛乾淨的啦！

那你說如果不天天洗澡（也就是沐浴啦），身上不會溼溼黏黏、很不舒服嗎？其實在臺灣爬過高山的就知道：高海拔（等於高緯度）的地方比較乾燥，不容易流汗，即使有汗也乾得快，不會黏膩……你如果去爬玉山或雪山，鐵定兩三天沒得洗澡，難過嗎？一點也不難過，絕對不會比看到滿山遍野都插著國旗還難過（插國旗就表示愛國嗎？那麼為什麼中國的官員一來，就有人自動把國旗收起來？），頂多下山後再到東埔或礁溪去「泡湯」就好了。

泡湯是怎麼被誤用的？

比起洗澡和沐浴，泡湯這個名詞真是個美麗的誤會：因為中國古代把熱水叫做

「湯」，東西如果掉進熱水裡通常會損壞不能用（當然涮涮鍋是例外），所以泡湯就代表是「完蛋了」的意思。

日本的漢字承襲中文，把熱水叫做湯，例如京都有名的湯豆腐就是熱水煮豆腐——可不是豆腐湯哦。

我第一次到京都，就迫不及待在一家餐廳裡點了有名的「湯豆腐定食」，結果花了日幣一千五，只吃到一碗白飯、一個鍋裡煮的兩塊豆腐，和一點醬油，真的是欲哭無淚。而浴場、溫泉也都是提供熱水的，所以都有大大的「湯」字。

在日本如果看到「錢湯」的招牌，千萬不要以為是泡在錢裡面，享受百萬富翁的滋味，那是給家裡沒有浴室或浴室太小的人，來付「錢」洗澡的公共澡堂啦！

尤其女生千萬不要去洗！裡面的大眾池雖然是男女隔開的，卻有一個高高的位子，可以同時監視到兩邊的浴場，而坐在上面的通常就是一位老頭子（天啊！世界上還有比這更好的工作嗎？），女生進去洗澡鐵定被他看光光，虧大了。

臺灣人喜歡到日本泡溫泉，日子久了，乾脆就把泡溫泉直接叫做「泡湯」——好在這頂多算是在煮蛋，不至於完蛋，大家也就將錯就錯、相沿成習了。

洗澡、沐浴、泡湯……都說明了人是活的，文字語言也是活的，都是會不斷變動的……你要睡了嗎？先去洗個澡吧！

鴛鴦浴是現代產物

如果是兩個人都要洗澡，當然最好是洗「鴛鴦浴」——你不要覺得沒什麼特別，這在中國古代可是不准的唷！規定是夫妻各洗各的，等一下要怎樣是另一回事，但是就算為了省水，也不可以一起洗，要「嚴於男女之防」——也不知道這到底算是禮貌，還是虛偽？反正中國人很「假仙」（臺語）就對了，拿幾千枚飛彈對著你，還說要跟你和平相處，就好像黑道流氓拿槍指著你，然後說：「喂，做個朋友吧？」你能說不嗎？

洗個澡也能千古留名

至於洗澡洗到出名的人物，大家不約而同的就會想到楊貴妃。其實她本人聽說並不是那麼愛洗澡，因為體積大、浪費水，每次「春寒賜浴華清池」，長安城都會淹水——好了別鬧了，總之都是無聊的文人白居易，在〈長恨歌〉裡寫什麼「溫泉水滑洗凝脂」，一來說明了華清池真的有溫泉（真正的溫泉水洗起來皮膚會有滑滑的感覺），而把美人的豐腴形容為「凝脂」（凝結的脂肪？）真的是太傳神了。

熱水泡久了頭會昏，於是「侍兒扶起嬌無力」——一個溼答答的胖美眉居然還嬌弱的要宮女攙扶才起得來，此情此景，豈能不讓皇帝色心大起？很可能有事沒事就逼著她去洗澡，洗完澡當然還有「餘興活動」……這下就換皇帝爬不起來，「從此君王不早朝」了——我覺得唐明皇應該沒有那麼「虛」啦，可能是自己身體的一部分被還在睡夢中的胖美眉壓住，才爬不起來的。

反正他不起來，就不用開朝會，不管大臣、侍衛或太監們都開心，就像公司老闆不在的時候，大家不是心情特別好嗎？

所以還是那句老話：「術業有專攻」，洗澡洗得好，不只自己榮華富貴，全家人都雞犬升天、「兄弟姐妹皆列土」（就是都有分到好處啦！），這個澡的CP值真的很高。

楊貴妃潛逃日本？

後來安史之亂，唐明皇（也就是玄宗）在馬嵬坡不得已下令殺了楊貴妃，「宛轉蛾眉馬前死」。這又是中國歷史上的壞習慣：做皇帝的亂搞，等到事情擺不平了就Line給女生，不是啦，我是說賴給女生，像商紂王就說是被妲己誘惑，周幽王就說是被褒姒迷亂，安祿山造反大家逃難逃得一肚子火，就一定要殺一個楊貴妃來消氣，難道最該死的不是唐明皇本人嗎？

然後又是那個文人白居易亂寫，竟然在〈長恨歌〉裡寫到他們兩個人在海上的仙山約會，楊貴妃居然沒死！而且還神通廣大逃到日本去了？甘嘸這種可能（臺語）？

你不相信嗎？可是日本的京都真的有楊貴妃廟耶！日本人沒事幹嘛拜楊貴妃？顯然人家是真的來過的（順帶一提：日本也有徐福廟，顯然徐福也帶著五百童男女來過）。

至於她怎麼裝死、復活、變裝、逃亡、過海然後到日本定居，搞不好還嫁了人、生了一堆中日混血的胖美眉，這一段離奇的過程……唉，博學（？）如我也沒辦法告訴你，麻煩有興趣的同學去好好研究一下，說不定還可以寫出一篇「真的」博士論文喔！

2 書信篇

古代的書不是書，而是寫在一片一片的竹子上，然後用繩子串起來的「冊」，那麼書到底是什麼？

讀書讀書，讀書人當然要多讀書，最好還能寫書。我們形容一個人書讀得很多，通常會用「學富五車」；如果要說他書寫的很多，就叫做「著作等身」。

猴塞雷（粵語：好厲害）！看過的書多到要用五輛車子來載，簡直可以開一家小書店了。寫的書疊起來居然比身體還高，我們很多人可能一輩子讀的書都還沒辦法「等身」呢！真是不由得欽佩起這些讀書、寫書的人。

你讀的書不是書

不過如果你知道古代的「書」長的是什麼樣子，或許會鬆了一口氣：在蔡倫發明造紙之前，文字是寫在竹簡上的，也就是一片一片的竹子上，然後用繩子串起來，看起來就是一個「冊」字。

所以古代的書其實叫冊，臺語把讀書念做「讀冊」就很清楚了——臺語是中原河洛的用語，保留了很多古代的語音字義，這個以後我們有機會會講到，反正不會考試，你不用擔心。

竹子用來寫字可是一個大工程：首先當然要先把竹子砍下來，切成一段一段，再從中間剖開來。但是潮溼的竹子容易長蟲，所以要先用火去烤，把竹子烤出水，看起來好像流汗，所以就把它叫做「汗青」（竹子的顏色是綠的，古代叫青色，臺語的綠色不就是念做青色？）。所以文天祥說「留取丹心照汗青」，丹心是一顆火紅熾熱的心，汗青就是竹簡、就是書，他就是期許自己「留名青史」啦！

而且光是把烤過的竹子剖開，還不能就這樣拿來寫書，因為要用刀子刻，所以要先把竹子上面的青色刮掉，露出白色的部分來刻字，這個就叫做「殺青」。

現在人寫完了書，或者是拍完了電影，會叫做殺青，大概是這個意思；不過也有人說是跟製茶的「殺青」有關，歡迎讀者們提供不同的意見，這就是教學相長，你講對啊毋對（臺語）？

說了半天，只是為了告訴你古代的書不是書而是冊，那如果是竹簡的話，五輛車也載不了多少（還好那時沒有貨櫃車），堆起來要比人高也不是很困難。至少以我本人來說，「學富五車」、「著作等身」我都還算得上——不過這麼說不符合我謙虛的本性，我們還是回過頭來說，既然冊才是書，那麼書到底是什麼？

書不是「書」，是「信」？

其實書就是我們現在講的信，古詩裡「中有尺素書」的書是信，「鴻雁傳書」的書也是信（鴿子應該會在旁邊抗議：「只有我們會傳信，大雁哪裡會呀？」這個抗議也有道理，因為人可以養鴿子，卻不可能從天上一字型或人字型飛翔的一排大雁裡面，抓一隻下來，叫牠送信給某某人；看來這又是你們文人，呃，我們文人的痴心妄想。）

那後來書又怎麼會變成信呢？因為信是要人去送的，例如我從廣東送信去北京，不可能派同一個人一路送過去，所以會有人送到廣東邊界，再由福建那邊的人負責來接送傳遞——聰明的你一定想到了：那我怎麼知道來接信的人不是假冒的，就這樣把我的信A走了？（別說信有什麼好A的，搞不好我寄的是重要機密，或是大筆銀票也說不定）所以會先把一樣東西分成兩半，分別交給兩個送信的人，兩個人見面時把那個東西湊起來，果然原來是同一個沒錯（古裝片裡常演的核對兵符，也是一樣的道理），這下才可以放心的把信交給他。所以我們後來說一個人很誠信、守信用，就是從這個「信」衍生出來的啦！

信的單位為何是「封」？

也因此送信的人叫做信使（就是最早的民間郵差），基本上是要信用很好的、沒有欠卡債的（又扯到哪裡去了？掌嘴！），但是為什麼叫做一「封」信呢？

既然這個信是刻在竹片上，當然不能像現在裝在信封裡，往郵筒裡一丟就算了（搞不好你連這種寄信的經驗都沒有，只發過email），所以要用兩塊木板把寫好的信簡夾在中間，再用繩子綁在一起，這樣就「封」好了。

另外為了怕被人打開來偷看，繩子的結合處要用膠泥封住，再蓋上印章（大概就是歐洲歷史片中，用戒指在信封的膠泥上蓋章是一樣的意思，《冰與火之歌》裡面應該有演到吧？），這樣「封泥」完成之後，才算是完整的信，所以我們叫它一「封」信。

中國過去在寄信的時候，郵票要貼在信封的封口處，然後再蓋上郵戳，這是比較符合「封印」精神的作法。後來我們郵票貼哪裡都可以、後來我們也不太寫信了、後來我們只收到帳單和廣告──那個一字一句細心斟酌寫下情意的美好年代，早就一去不返了──我這樣說會不會太過「傷他悶透」（英語：傷感之意）了？沒辦法，你知道的，我們文人嘛，總是這樣傷春悲秋、感時憂國……不然哪裡會有那麼多廢話好說？

急急如律令竟是官方特急件？

但是事有輕重，信當然也有緩急，要寄快信怎麼辦呢？不是像現在貼一個「限時專送」的紅紙條（這個好像也廢除了，唉，我真的是太老了），而是在信封上貼一根鳥的羽毛，表示這封信很緊急，要給我「用飛的」！

如果更急了怎麼辦呢？那就把信封的一角燒出一點焦痕——瞎密？你看嘸（臺語）？這就是「十萬火急」的意思啦！你看古人是不是很有創意？

那送信的人怎麼知道寄信的人很急，該貼羽毛或是該燒一下信封（這也是術業有專攻，萬一火太大把整封信燒掉就慘了！）呢？寫信的人會在信的最後面註明「急急如律令」，這本來是官方緊急文書專用的，被老百姓拿來偷用，後來更被道教的張天師拿來借用，所以你如果有看過「急急如律令」幾個字，一定是在黃色的符紙上，絕不會想到它以前是用來寄快遞的。

你比較常看到的，可能是中國歷史片裡的「五百里加急」（或六百里、或八百里，端看你有多急），因為那時候沒有手機或無線電，萬一軍情緊急必須立刻回報，只好叫人拚命的騎馬，在路上「換馬不換人」（畢竟是馬在跑，有些甚至跑到累死，好可憐！），就是要在最短的時間內把報告送到京城，或是把命令送到前線。

用來送軍情那還沒話說，如果用來送荔枝那就很過分了！因為那時候又沒有Food Panda或Uber Eats的外送冷藏櫃，為了怕荔枝不新鮮，楊貴妃吃了不爽，只好叫士兵拚命的趕路，「一騎紅塵妃子笑，無人知是荔枝來」說的就是這個唐玄宗（也就是唐明皇），他如果對國事也這麼用心，就不會搞到安史之亂、落荒而逃了。

信的別名

有點跑題了，只怪我忍不住要賣弄學問，其實信還有很多別名，例如古代寫信的木片叫做牘，長度規定一尺，所以信又叫做「尺牘」；而如果是寫在白布上的，就叫做「尺素」。

你可能讀過古詩十九首的「客從遠方來，遺（音衛，給的意思）我雙鯉魚，呼兒烹鯉魚，中有尺素書」，這是在搞什麼神祕？怎麼信還要藏在鯉魚的肚子裡呢？是〇〇七情報員寫信回家嗎？其實所謂的鯉魚是藏書信的盒子，用兩片木板組合而成，刻成魚的形狀，分開來就變成雙魚。而所謂把兒子叫來烹煮鯉魚，只是家人一起拆信而已，文人都喜歡「假鬼假怪」（跟我一樣，不、我跟他們一樣），大家欣賞他們的想像力就好，千萬不要當真。

像這種信是用木盒子裝的，那個盒子就叫做「函」，也用來代表信，我們現在還在說信函、函件、公函，就是這樣來的。

至於「箋」，是用來寫信的小幅紙張，這是蔣勳最喜歡講的，類似現代人傳簡訊的什麼〈快雪時晴帖〉、〈喪亂帖〉……因為文字很少，多半是寫在這種箋的上面，要不然用一大張紙只寫幾個字，就像學生交作文一樣，應該不太好意思。《紅樓夢》裡的林黛玉寫情書給賈寶玉，用的想必也是香噴噴的箋吧！

不過在3C時代，或者說是5G時代，幾乎沒有人再用紙筆寫信了，總有一天，就像現在的小屁孩不知道什麼叫「電報」一樣，你的孫子會問你：「爺爺（或奶奶），什麼叫做寫信啊？什麼叫做情書啊？」

說到情書，你知道以前書店裡還有賣《情書大全》，提供戀愛中的男女寫信參考，唯恐不能打動對方的心嗎？這種看起來雖然效率比較低，但至少比較誠懇，比起現代有些男女搖一搖手機就可以「約炮」，真是令人感慨萬千呀！——唉，真是老人家的口氣呀！啊我本來就是老人家，不然咧？

3 數字篇

西漢有七國之亂，西晉有八王之亂，所以亂起來叫做亂七八糟，不是什麼數字都可以用來亂的，OK？

國文課上膩了，今天我們就來上數學課吧！——你一定沒想到數學我也會吧？不過我這輩子的數學從來沒有考及格過，有什麼狗膽敢來教大家？我只是想跟大家討論一下：國文裡面有「數字」的部分。

一就先不要講了，從一元復始到一統江山，你可以查到一大堆跟一有關的成語，大家都會的不叫知識而是常識，那個我們可以跳過，直接從二開始。

從二開始數起

首先進入我們腦海的，應該是「二八佳人」，二八佳人是幾歲呢？當然不是二十八歲！古代女子在二十八歲的時候，可能已經生過好幾個小孩了，很難「佳」得起來——哎唷，我不是說生過小孩的就「不佳」，只是不方便當女主角而已啦！

二八佳人，2×8＝16，所以指的就是十六歲的女孩（跟你說是上數學課吧！）。那麼豆蔻年華又是幾歲呢？豆蔻是在初夏還未盛開的花，指的是正當青春，所以是十三歲。

而如果到了十五歲，女孩子就不能再綁可愛的小辮子，就要束髮插簪，那叫做及笄（音同機）之年，笄就就是髮簪的意思。女生十五歲行笄禮、男生二十歲行冠禮（可以戴帽子），也就是表示已經成年，可以論及婚嫁了。

女生到了十六歲，就是破瓜之年，破瓜？那就是破身？也就是開苞？——先生你想太多了，那是把一個「瓜」字破成兩半，瓜就是兩個「八」字，2×8＝16（跟你說是上數學課吧！）所以破瓜之年和二八佳人同理可證，都是十六歲。

古人結婚得早，年紀再大一些就是敗犬或者剩女（這是古代封建思想，絕不代表本人看法），沒有什麼好特別形容的，倒是還有一個花信年華，指的是二十四歲，花信是開花期間帶來的風，換句話說：花也快謝了，要及時把握（老師請下音樂：〈我等到花兒也謝了〉），所以才會說「花開堪折直須折，莫待無花空折枝」。

關於二還有一個難聽的叫「二百五」，這裡先賣個關子，等下次談到罵人的話再一起講。罵人的話當然要詳細另外介紹，大家也知道我們學任何語言，都是先從罵人的話開始的。

聽我說三道四

再過來三、四兩個字就是最普通、最平凡的，所以我們說張三李四（如果人再多一點就是王五趙六，但都不是重要角色，基本上跑龍套就對了），說不三不四、說顛三倒四、說低三下四……基本上沒什麼好話，噢有了，「三妻四妾」還滿迷人的，如果「三宮六院」那就更爽了！

• 三宮六院：

我們不跟你介紹哪三宮、哪六院，因為歷朝歷代變來變去，聰明如我也記不住（抱歉，這麼說有違我謙虛的本性），你只要知道是皇帝擁有很多嬪妃就對了。

而且那不是因為皇帝好色，而是為了要有人繼承皇位，所以要盡量多生小孩，所謂「後宮佳麗三千人」，都是一心一德，要幫皇帝生小孩繼承大統的，基本上是一個神聖的任務，不要被宮鬥劇裡面那些小鼻子小眼睛影響了好嗎？

而且你看看下面這張照片，這些嬪妃們絕對沒有電視劇裡那麼好看，相信

清朝宮庭中的滿族女士・Frank & Frank Carpenter・C1910－1925（現藏於英國布里斯托爾大學）。

我，皇帝實在是沒什麼好羨慕的。

●三教九流：

另外我們也常講到三教九流：三教就是儒釋（佛）道三教，其實儒家實在不算一個宗教，它既沒什麼教規，也沒叫人家拜什麼神明，可是因為歷朝歷代都蓋了孔廟，好像不成為一個教也不行了。所謂至聖先師，不過是中國民間最早開私人補習班的，這個以後我們會詳細介紹。

至於九流，就是法家墨家縱橫家那些，你猜我是哪一家？小說家？錯！我是雜家，樣樣通、樣樣鬆，沒有不會的，也沒有真會的，這只要看一看我們課程的內容就知道了。

●三姑六婆：

現在三教九流指的只是各行各業的人，就好像三姑六婆指的就是在美髮院說人長短的婦女——以前當然沒有美髮院，女人也不能亂出門，但是尼姑、道姑、卦姑（算命的）就可以跑來跑去、傳播流言。

再加上六婆——你真的想知道嗎？可是你又記不住，那考試怎麼辦？噢對了我們是不考試的——也就是牙婆（拔牙的）、藥婆（賣藥的）、師婆（巫婆）、穩婆（產婆）、媒婆和虔婆（這個就不太好聽，《水滸傳》和《金瓶梅》裡面都有出現，就是拉皮條的啦！），她們當然也是穿家入院、搬弄口舌的古代「職業婦女」，所以這句三姑六婆也不算好話。

話雖如此，倒是很少人不喜歡聽那些閒言閒語、蜚短流長，如果一群人在嘰嘰呱呱，你只要說一句「有一個祕密喔……」保證所有人馬上都靜下來，豎直耳朵聽你講。

● 八卦雜誌插隊一下：

像大家也都愛看八卦雜誌，有些大老闆比較「假仙」，桌上放的天下雜誌是秀給客人看的，抽屜裡藏的X周刊才是真愛。

那為什麼會叫八卦雜誌呢？不是我吹牛，知道的人還真不多（又違背我謙虛的本性了）；那是因為早期香港有一本小道週刊，因為常常要登一些腥羶色的照片，依法「露點」的地方要打馬賽克，或者貼一個笑臉遮起來，他們則是用一個八卦符號來遮住，所以後來就被叫做八卦週刊；再後來所有這種揭人隱私的就都叫八卦雜誌了——有沒有很厲害？告訴你，人只要活得夠老，就會比別人多知道很多東西。

（不好意思，八跑到三這裡來插隊，不過我們本來就沒有課綱，愛講哪就講哪，啊不然咧？）

●三魂七魄：

那如果講到三魂七魄呢？噢這個實在太複雜了，基本上你只要知道魂是指人的精神，魄是指人的肉體，所以我們要追求高尚的靈魂、鍛鍊強健的體魄，問題是有人常常被搞得失魂落魄，臺語說「搖擺沒落魄得久」，也就是告訴人不要太得意忘形，「大家相堵會到」（臺語：遲早會遇到）的。

●三生有幸：

那都沒有好的嗎？有啊，例如三生有幸。三生顧名思義，指的是前世、今生和來生——這也就說明古代中國人是相信輪迴的，所以還有七世夫妻的說法。這個我們不反對，我們只想知道自己現在和對方是第一世（天啊讓我屎了吧！）還是第七世（終於刑滿出獄了！）而已，沒有別的想法，真的沒有。

● 不孝有三，無後為大：

再來講點正經的，例如大家都知道「不孝有三，無後為大」，但只知道沒有後代是最嚴重的，那另外兩個呢？就說你沒有求知的精神吧！另外兩個簡單講：一個是丟父母的臉，一個是沒能力奉養父母——其實這反而是現代父母的危機！現在很多年輕人不生小孩了，當然做父母的也就沒有孫子可抱，臺語說：「老人有三好，帶孫好，顧家好，死一死好（這樣太難聽了，改為財產分一分好，意思雖然一樣，至少不會那麼刺耳）。」

現在的父母不但往往沒有孫子可抱，還要擔心小孩做壞事、丟你的臉，像我從小就警告兒子：「你做什麼都沒關係，就是不要有一天，要我去警察局領你回來。」

至於要小孩養你，那就更是奢望了！現在年輕人普遍低薪，多少人有了工作還賴在家裡，省了房租水電瓦斯和管理費，而且也不覺得羞恥（如果在歐美，成年後還住在家裡的男生，叫做Big Baby，是連女朋友都交不到的）。

俗話說「養兒防老」，現在你就別作夢老了要靠小孩，反而是「養老防兒」，只要他不去外面亂投資、亂欠債，把你的養老金都花光就謝天謝地了。

●三從四德：

還有一個讓人討厭的就是三從四德：在家從父、出嫁從夫、夫是蟲子（哦不，是夫死從子），現在女力當道，誰還吃你那一套啊？

四德則是婦德、婦容、婦言、婦工，既要品德好，還要長得漂亮、講話好聽，又會做女紅（紅念做工，就是縫紉刺繡這些女生的工作啦）……有那麼好條件我去嫁給金城武就好了，還待在你家裡做苦工啊？你們男人就「睏𨑨睏、嘐眠夢」（臺語：睡歸睡，別作夢）了。

五花八門的數字

再來講到五，五花八門不是指五花肉或八扇門（這樣說真的有侮辱讀者智商的嫌疑，我道歉），五就是五行：金木水火土，八就是指八卦，又懂五行又懂八卦很厲害了吧？「名成八卦圖，功蓋三分國」指的是誰？寫這首詩的又是誰？如果你不是中文系、又知道答案，那我給你按一個讚！

●五十步笑百步：

這個社會五花八門、五光十色，大家都可以追求自己想要的，但是不要嘲笑不如自己的人，因為那是「五十步笑百步」。

打敗仗的人逃了五十步，卻嘲笑已經逃了一百步的人膽子小，那不是很可笑嗎？就像現在的政客一旦被人家攻擊，就說那前朝某某也是這樣，奇怪了！民主政治不是選賢與（這個字意同舉）能嗎？現在是怎樣，大家比爛的就對了？

●亂七八糟：

六六大順、六畜興旺那些太普通，沒什麼好說的，我們直接跳到七和八，來講亂七八糟。那你說這麼普通的意思，幹嘛不直接講亂三四糟就好了？吔人家這個可是有典故的，西漢有七國之亂，西晉有八王之亂，所以亂起來叫做亂七八糟，不是什麼數字都可以用來亂的，ＯＫ？

九是最大數

再來就到九了，九五之尊大家都知道是指皇帝，但為什麼呢？因為九是數字裡最大的，你看故宮（是說紫禁城那個，不是翠玉白菜那個）屋瓦上的動物雕塑，只有皇宮裡的可以放九個，其他王公貴族要是也敢放這麼多個，斬！

而五則是數字裡最中間的，也很尊貴，中正紀念堂有一塊匾額寫著「大中至正」，大的就是九，中的就是五，也就暗喻九五至尊，自比皇帝就對了——奇了怪了？民主國家是誰在自比皇帝呀？你說什麼？這塊匾額還在？那個轉型正義到底是在轉什麼「碗糕」（聽說這個也是髒話）的？

而九五在易經裡的卦象是「飛龍在天（沒聽過易經？那至少知道降龍十八掌吧？你可以仔細算一下，金庸寫降龍十八掌一共卻寫了十九招哦），宜見大人」，誰最大？窩斧扣死是皇帝本人！所以九五之尊就是指皇帝無誤，你看蘇州的庭園很多牆上雕著四爪金龍，因為五爪是皇帝專用的，你如果膽敢用或不小心用了，斬！

現在已經是民主時代了，賣房子的人卻動不動就把建案叫做某某御苑、××皇宮，連美國總統住的白房子（White House）也硬要叫成白宮，總統的女兒是公主、女婿是駙馬爺……好像也沒有人覺得有什麼不對，可見得幾千年累積下來的封建思想，不是那麼輕易可以擺脫得掉的，不可不慎呀！

4 睡夢篇

睡是睡著，覺（音同決）是覺醒，「睡覺」到底是睡是醒都不知道……

人只要講話，就免不了講錯話，講錯話了難免要挨罵，尤其是公眾人物一旦失言，簡直就要「千夫所指，無疾而終」。但我們不曉得的是：我們自己也經常不自覺的講錯話。

有嗎？你說自己謹言慎行，話都在嘴裡嚼三遍才出口，而且只講好話不講壞話，怎麼可能講錯話？又不是那個「人設崩壞」的市長！

到底是睡了還是醒著？

那你有沒有講過「睡覺」呢？睡是睡著，覺（音同決）是覺醒，「睡覺」到底是睡是醒都不知道（老師請下音樂：〈半夢半醒之間〉），怎麼這個「覺」字會念成了「叫」，然後就投降了，它的意思就不見了，「睡覺」就完全代表「睡」這一個字了？

那你睡就睡啊，為什麼又要加一個意思相反的字在後面呢？就好像我們說「吃」，難道會說成「吃拉」嗎？——如果你正在用餐，那真的很抱歉。

其實「睡」最早的意思是坐著打瞌睡，例如戰國時代的蘇秦「讀書欲睡，引錐刺股」，這也是成語「懸梁刺股」的由來，但可以看出這個睡就是「度估」（請用臺語念），就是打瞌睡無誤。

那如果趴在桌上睡覺（就像以前我們念書時被強迫睡午覺一樣，不知道這種「惡習」現在改掉了沒有？），那叫做「臥」。諸葛亮號稱臥龍，你以為他是常常躺在那裡，等著人家三顧茅廬嗎？他只是趴著打瞌睡而已，不然萬一有客人來了沒發現，那損失不就大了？

如果只是閉著眼睛，未必有睡著，那叫做「眠」，所以我們說徹夜不眠，或者整夜失眠，眠就表示並沒有睡著，不是有齣很有名的歌劇叫《公主徹夜未眠》嗎？講得那麼好聽，其實它原本的意思是「今晚誰都不准睡」，多麼鏗鏘有力！

所以說「睡覺」固然不通，但是說「睡眠」好像也不妥，因為「眠」是不一定有睡著啊！在床上「輾轉反側」，實在太痛苦了，還不如起來打怪或是追劇。

前面說趴在桌上叫臥，那躺在床上呢？那就叫做「寢」。所以為什麼論語裡面「宰予晝寢」會惹得孔老夫子那麼生氣，還要罵他「朽木不可雕也」？老師在教室講課，底下有學生打個瞌睡也沒什麼了不起呀，何至於生氣到這個地步？像我以前在中學教書的時候，就常說學生打瞌睡是老師的責任，為什麼你講得那麼無趣，讓人家睡著呢？至少我的學生是不可能在課堂上睡覺的——因為會被大家的笑聲吵醒。

別忘了趴在桌上睡覺只是「臥」，但是這個宰予是「晝寢」，大白天不讀書就算了，居然大搖大擺跑到床上去睡，難怪把老師氣得差點中風，忍不住說重話罵人，連米田共都出口了（糞土之牆不可杇也）。

真正睡著的叫做「寐」，詩經裡面有「夙興夜寐」，就是指早起晚睡，不像有的人「苦民所苦，睡到中午」。這句詩的意思和國歌裡的「夙夜匪懈」意思差不多，「匪」同非，是不的意思，所以不好的人也叫做匪，臺灣治安良好，碰到土匪的機會不多，但是對面住了共匪，也是心腹之患。

所以有人在白天休息，偷偷睡一下就叫做「假寐」，表示我沒有真的要睡啦！啊就沒有元氣兩眼睜不開有什麼辦法？總不能問一句「你累了嗎？」然後吃兩罐蠻牛就真的有精神了！

睡著叫寐，睡醒了就叫「覺」或是「寤」，這個寤念成「悟」，意思也相通，所以「覺悟」本來是指睡醒的意思，後來才衍生成「想通了」。

《詩經》裡面有「窈窕淑女，寤寐求之」，寐是睡著，寤是醒著，也就是不管睡著還是醒著，想的都是她就對了，臺語說的「日思夜夢」就是這個意思——但是你不要用唱的喔，因為下一句是「轉眼變成空」。

《延伸教學》：講到另一句大家比較熟悉的「窈窕淑女，君子好逑」，很多人都講錯了（你看，我就說人很容易講錯話），講成「苗條淑女，君子好（音同號）求」，這真是天大的誤會！首先「窈窕」要念成「咬挑（挑讀第三聲）」，是文靜美好的意思，跟身材苗條一點關係也沒有好嗎？如果要講身材，古人會用「婀娜多姿」，這裡講的窈窕是指女孩子的個性，內在美比較重要好嗎？雖然大多數人都是「外貌協會」，但至少表面上要這麼說。而「好逑」也不是喜好追求，逑是伴侶的意思，這整句詩的意思是「文靜美好的女孩，是君子的好伴侶」，所以要念做好（第三聲）逑而不是好（第四聲）逑。OK？

睡著要記得起來（無誤）

說了半天，還是沒有解決「睡覺」的問題，你看〈長恨歌〉裡面「雲鬢半偏新睡覺」，就是說楊貴妃大美女的髮鬢偏了一半，是因為她剛剛睡醒的意思。聽說有些官太太宴會前一天去「設朵」（日本外來語，就英文的Set啦！）髮型，為了怕晚上睡覺弄壞頭髮，竟然就趴在桌上睡一整夜（這個叫做臥還記得嗎？），真的是愛美之心、可昭日月呀！

你看吧！睡覺明明是睡了以後醒過來，怎麼會變成要我們去睡覺（叫，第四聲），這到底是怎麼回事？我也還沒有研究出來——瞎密！你自己不知道還在這裡「講半晡」（臺語：講半天）？咦？學問學問，我就是想學才要跟大家問，知道正確答案的人麻煩來信說一聲。

我是這樣猜想啦：有些詞我們雖然講兩個字，其實只用其中一個的意思，例如說有什麼「動靜」，其實是在說有什麼「動」而不是有什麼「靜」（靜就沒事啊，有什麼好問的？）。那這個睡覺也可能只取「睡」的意思而已，後面那個「覺」字是「加額」

（臺語：多餘）的。不知道這樣講是湯呀毋湯（臺語）？

睡覺夢到什麼最好？

人既然會睡覺，當然也就會作夢。作夢是好事，如果做了惡夢，醒來發現「好佳在」不是真的；如果做了好夢，雖然是空歡喜一場，但是至少「歡喜」過了，CP值還是滿高的。

而且作夢不顧現實、不講邏輯，可以做很多本來不可能做，或不應該做的事，例如「春夢」，你想跟林志玲或是金城武，都沒有人會反對，因為沒有人知道。多好。

但是有時候不小心也會留下證據，那叫做「夢遺」（也就是夢中遺留下來的，你看古人講話多文雅，學著點），其實年輕人精力充沛、精蟲衝腦，即使不「自排」（也就是夢遺），也會自己找五個兄弟幫忙「手排」，這其實是有益健康的啦！古代人把它叫做「手淫」，根本是汙名化了這個正常行為。

不過留下證據，未必也都只有自己偷偷洗內褲、洗被單的壞處，賈寶玉不就是因為第一次做春夢「留下證據」被襲人發現，他就拉著襲人要做夢中那件事，襲人也就答應了——你看！夢想還是會成真的，千萬不要怕作夢。

不過有時候不一定都是夢到「那件事」，例如夢到蛇，中國人說這是有財運，西方人卻說這跟性有關，事實到底怎樣，就只有作夢的人知道了。

又有人說夢到自己踩到大便，那才是有財運，真的有人踩到狗屎之後去買彩券，果然就中了大獎，可惜作夢不能自己控制，要不然每天晚上都踩大便該有多好。

那到底夢到什麼最好呢？根據古人的說法，夢到熊是最好的，那表示會生男孩子，所以有「夢熊之喜」的說法——我們現在講究男女平等，不吃這一套，呸。

古人真的很重男輕女耶！生男的就叫「弄璋」（看部首就知道是一種玉），生女的卻叫「弄瓦」（不看部首也知道不值錢），那也差奮賊（臺語：差這麼多）？不過古代農業社會需要男孩子的勞動力，才會有這種偏差的觀念，我們就原諒老祖宗吧！——啊都死那麼久了，不原諒又怎樣？重要的是我們非但不要「以古非今」，但也不應該「以今非古」知道嗎？

其實夢到什麼都沒關係，只要不要夢到掉牙齒就好了，為什麼？因為夢到掉牙齒表示家裡可能會有不幸的事情……哎，就是會有人死掉啦——你說不可能，這是迷信！對嘛，我也是這個意思，我們不要傳播迷信好不好？——咦？好像就是我在傳播的，其實解夢跟星座血型都一樣，聽聽就好，不用太認真，豈不知「認真你就輸了」？

古代有些起兵造反想當皇帝的，因為本身是心虛的草包，就會編一些離譜的作夢故事，說他媽媽是夢到什麼什麼才生了他，所以他就特別的了不起，是來「奉天承運」的。

例如厚臉皮的劉邦，就曾經公開跟滿朝大臣說：她媽媽夢見一隻天龍，跟那隻龍交配了之後才懷孕生了他，所以他是聾子，哦不對，他自稱是龍的兒子。

這樣公開給爸爸戴綠帽，真是情何以堪？沒想到他爸爸馬上在旁邊加碼：「對對，我有看到那隻龍趴在我老婆身上，後來我老婆就懷孕了！」——噻砍砍（你看看，有沒有覺得很耳熟，前面教過了）！「術業有專攻」，要當皇帝的爸爸也不是那麼容易的。

比中國夢還有名的兩個夢

中國歷史上最有名的兩個夢，一個叫「南柯一夢」，另一個叫「黃粱一夢」，到底是「南夢」比較夯呢？還是「黃夢」（不要想歪了）比較屌？——其實這個屌也是髒話，不過周杰倫都講那麼久了，我們也就勉強接受吧！

「南柯一夢」是說古代有個人作夢，夢到自己當了大槐安國的駙馬，還做了南柯郡的太守，享盡榮華富貴……結果一覺醒來，前面不是唱過了嗎？「轉眼變成空」，哪裡有什麼南柯太守？而所謂的大槐安國，也只不過是旁邊大槐樹下的一個螞蟻窩而已。

「黃粱一夢」是說一個讀書人在旅店裡自嘆窮困，旁邊的道士就拿給他一個青花瓷枕頭（音樂請下：〈青花瓷〉），他就夢見自己漫長的一生，享盡了各種榮華富貴，醒來照例是一場空，而且剛剛入睡時旁邊在炊煮的黃粱，都還沒有熟呢！

其實平心而論，兩個夢不分上下，一個從空間講（大槐安國），一個從時間講（煮熟黃粱），無非是要告訴我們人生的榮華富貴，到頭來終究是一場空，所以對什麼事都不用太較真、太執著，如果用比較粗俗的說法，那就是「人生如夢，夢如煙，煙如屁」——如果你正在吃東西，很抱歉，但是真的很傳神啊！

現在大家流行說夢想（尤其日本人最嚴重），什麼「有夢最美」、什麼「有夢就去追」，但是既然是夢，不就是非現實、不存在的嗎？美什麼美？追什麼追？可憐哪。

有一位成功企業家的話給你參考：「我沒有夢想，我只有計畫。」多酷啊！想要得到什麼、做到什麼，就要先有縝密的計畫，腳踏實地的去努力，才有成功的一天，光作夢有個，呃，第十六個英文字母，用啊？

比《全面啟動》還精彩的夢

當然有史以來，作夢作得最精彩的就是「莊周夢蝶」了，莊子（名叫周）是思想高深廣闊的哲學家，竟然有位中文系的教授，宣稱某位胡言亂語的候選人，是得到莊子「狂言」的真髓，真是叫人雞皮疙瘩掉滿地！而且莊子是最討厭作官的，沒看他老是在嘲笑孔子周遊列國、四處求官嗎？

「莊周夢蝶」，是說人生在真實與虛幻之間，你以為自己夢見了蝴蝶，怎麼知道不是蝴蝶在夢見你呢？這個境界又比「南柯一夢」和「黃粱一夢」更高了一層，值得大家好好的體會。因為作夢的時候不知道自己在作夢，才會信以為真，那你怎麼知道你現在真的是在看我的文章，或者只是夢見自己在看我的文章呢？又或者你是在我的夢境裡看我的文章呢？

嗯，這個學問真的很深、很深、很深……不是因為很重要所以才說三遍，是因為實在沒有話可說了。以上。

5 名字篇

古代的人出生後三個月內就要取名，成年了要另外取一個「字」，如果都不滿意還可以自己取個號。

我們不但時常講錯話、而且自己不知道講錯話（尤其是上了苦苓的國文課之後，可惡！），也時常不知道自己答錯了問題，而且是非常簡單的問題。

我怎麼會不知道自己的名字？

例如有人問我說：「你叫什麼名字？」我一定百分之百的會回答他說：「王裕仁（我的本名）。」結果——嗶！答錯了。

卡也按呢（臺語：怎麼會這樣？）？我還會不知道自己的名字嗎？怎麼會答錯？

聰明的人應該會想到了（如果你還沒想到，就假裝已經知道了吧！免得尷尬）：我回答的王裕仁是我的「姓名」，而人家問的是我的「名字」，我的名字不是「王裕仁」，那我該怎麼答呢？「裕仁」？別裝熟了！就像最近每個人都口口聲聲志玲志玲，好像跟她有多熟似的。

但是「裕仁」是我的名，卻不是我的字，所以我還是沒有答對。那我的字是什麼呢？中學時代上完國文課，當我發現了一個人的名和字是不一樣的，趕快跑去問我爸：「我的字是什麼？」我爸說只有幫我取名，沒幫我取字耶！

靠腰（臺語：這不是髒話，靠北才是）！我看國文課本上每個文學家，都是名什麼字什麼，那我沒有字豈不是當不成文學家了？

我爸也很夠意思，看我滿臉失望，當下就幫我取了一個字，叫做「博文」，那時候我也不知道名和字有什麼關係，就傻傻的、高高興興的接受了。

我這個名字，從來沒有人知道，各位今天也都是第一次聽說，真的是很難得——少臭美了！誰稀罕我的字啊？好好上課不行嗎？

不是每個登輝都能當總統

好吧好吧！因為我們既然生為一個人，就必須要被人家稱呼，當然就要取名字：有的爸媽取，有的請阿公阿嬤取，還有的花錢請算命先生來取，因為他們知道怎樣的姓名筆畫會比較好命。

那當然是鬼扯！之前李登輝當上第一任臺灣民選總統的時候，也有人採訪了另外一個李登輝，結果他是個遊民，你看同名同姓，命運卻差那麼多，姓名筆畫可靠嗎？

還有一次參加一個國外旅遊團，有一個旅伴是會看姓名筆畫的，大家晚上閒聊時，他就拿我的名字說得頭頭是道，證明一個人的名字和他的機運有很大關聯，所以名字取錯了是很慘的，要趕快改名才好。

大家一聽有理，陸陸續續有人找他改名，改一個兩千塊——他還沒回到臺灣，旅費已經賺回來了！真的是很有生意頭腦。

而我只在一旁暗笑，因為他舉我的名字做例子的時候，以為我的本名叫王育仁，在那邊講得天花亂墜，其實根本就在鬼扯。好在我慈悲心腸，「光棍不擋財路」，始終沒有揭穿他，大家出來混也都是不容易的，不是嗎？

名字總與現實相反？

有些人的名字，則是帶著父母的期望，例如叫做英雄、叫做美女，但是通常反而令人大失所望，真是辜負了父母的一番心意。

早年重男輕女，生了女兒不滿意，就給她取名叫做招弟，或是亞男，希望下一胎是男的；萬一又生了女兒，更不滿意，就叫做罔飼、罔腰（臺語：都是勉強養著她的意思）。我認識一位女性朋友名字裡有個「訏」字，我馬上猜她沒有哥哥，她很驚訝說你怎麼知道，我說因為訏是嘆氣的意思，妳出生時你爸一看是個女的，忍不住嘆了一口氣，但是因為他書讀得多，所以沒有把妳的名字取做嘆氣而是取做訏，妳應該要很感謝了。

現在男女平等、女力高張，誰要是還敢幫女兒取這種難聽的名字，可能會先被老婆踢下床去，女兒長大了也不會饒了你！

其實以前一般人家的女生，很多都是沒有名字的（不只是沒有字哦！連名都沒有），最多取個小名例如小花、阿美什麼的；嫁了人就是張太太，有了小孩就是張媽媽，有了孫子就是張奶奶，掛點（沒禮貌！應該叫仙逝）之後墓碑上就寫個「張氏之墓」，一輩子她都沒有自己的名字、沒做過自己。像上官婉兒、李清照這種有姓有名的，一定是有錢有勢的大戶人家出身。

不過民間有個風俗習慣：為了怕小孩沒辦法平安長大，所以故意取一些不好的小名，例如二楞子、狗蛋、臭頭仔、阿呆等等，就是為了不要引起妖魔鬼怪的注意，才不會跑出來害小孩子受傷生病甚至送了性命。

現在醫學發達，大家當然也不吃這一套了，不過對自己的名字不滿意的還是大有人在，尤其父母幫自己取的如果是菜市場名（二十年前是文雄和淑惠，十年前是家豪和怡君，現在是什麼我就不知道了），一定很想換一個名字。

取名不慎，困擾一生

是說父母取名字也要用心一點，最少多念兩遍，聽一聽有沒有不雅的諧音，像我有一個同學叫做「胡麗卿」，那不管怎麼叫都變成了「狐狸精」，你說她這一輩子還開心的起來嗎？

還有的筆畫太多，像我有同學叫做龐繁麟，每次考試他才寫完名字，別人已經交卷了（有那麼誇張嗎？），相信他對這個名字也很無言。

有些人的名字還不得不這麼取，像他們是有輩分排名的，例如阿公張錦應，爸爸張上智，兒子張添祺，孫子張花超，每個人的第二個字連起來就是「錦上添花」，很酷吧？但是那個孫子喜不喜歡自己名字裡有個「花」就很難講了。

以前改名還要找到同縣市有跟你同名同姓的人，或者你的名字確實不雅才能改——例如有個女生叫做潘金蓮，她去申請改名，戶政機關竟然不准，說金蓮兩個字沒有不雅的意思，你就知道為什麼有些人生來就是欠揍——當然我們不是鼓勵暴力啦！但是人也要將心比心嘛！

玫瑰不叫玫瑰，依舊芬芳

前總統陳水扁，據說是要到戶政事務所登記名字的時候，被問到小孩叫什麼名字，扁媽一下想不出來，就說「隨便」，戶政人員一愣，就寫了「水扁」兩個字。

這名字也太不襯頭了吧？什麼？不襯頭聽不懂？就是很遜啦！你看人家做大官的，不是叫中正就是叫經國，要不然也要叫國鼎或是登輝，叫水扁有像大官嗎？結果他就做了中華民國最大的官不是嗎？So What？

所以名字真的沒有那麼重要，你說小燕這個名字也不怎樣吧？可是人家小燕姐在演藝圈屹立不搖、歷經五代，得到終身成就獎，看起來不怎樣的名字，你可以功成名就、揚名立萬，它就變成一個好名字啦！

所以莎士比亞說：「玫瑰即使不叫玫瑰，它仍然是最芬芳的花朵。」

當然如果你對自己的名字不滿意，而且很在意，現在是可以自由改名字的。例如原住民可以改回自己的名字，叫做瓦歷斯．諾幹或者夏曼．藍波安都沒問題。順帶一提：我以前去爬山，每次到了要辦登山證的檢查哨，就會說一聲：「我找撒古流！」警察十個有九個會放我過去，剩下一個想一想還是會放我過去。朋友問說你真的有認識這個人？我說哈哈哪個部落裡沒有叫做撒古流的——現在政府開放山林，基本不辦入山證了，所以我才敢招認。

現在改名的人很多，有的還改得滿離譜的，例如有人改叫「吳總統」，自己都不用選就變成總統了，也算是一種「精神勝利法」。還有一位叫做「林務局長」，自己派官給自己做，還真的很爽。另外一位就很麻煩了，知名的影評人李幼新，竟然改名成「李幼鸚鵡鵪鶉小白文鳥」，落落長的怪名字，也不知道他是跟自己，還是跟這個世界過不去？

名不可是隨便讓人叫的

好，接下來我們要講名和字有什麼關係了——瞎密！一開始就說要講了，講了這麼大半天現在才進入主題，苦苓你也太會混了吧？

欸，不然你以為補習班老師怎麼當的？不是啦！我是說補習班老師是以學習為主、娛樂為輔，而我是以娛樂為主、學習為輔，總要說一些比較好玩的話，以免大家太早睡著嘛對不對？

古代的人出生後三個月內就要取名，到了二十歲就要行冠禮，表示已經成年了，這時候就不可以叫他的「名」，他要另外取一個「字」來讓大家叫。所謂「君父之前稱名，至於他人稱字」，你看白居易給元稹的信，不是一路的「微之微之，此夕此心，君知之乎？」元稹的字就是叫微之呀！至於他們兩個的信怎麼寫得那麼肉麻，甚至還有「如膠似漆」這樣的字眼，是不是有點……喂你別想歪了！古人表達感情都是這樣的好嗎？你看屈原在楚辭裡寫到楚懷王，還不是像在寫情書給戀人一樣？不要想太多。

簡單來說：諸葛亮字孔明，所以別人叫他是叫孔明，他自己就要自稱亮，你看〈出師表〉裡面就知道，一路亮亮亮的，不曉得什麼時候才會天黑（不好笑！）。

那順便再延伸教學：諸葛亮的爸爸叫什麼名字？周瑜的爸爸又叫什麼名字？

靠腰（臺語）！這誰會知道啊？其實很簡單，諸葛亮的爸爸叫做諸葛何，周瑜的爸爸叫做周既。怎麼知道呢？因為周瑜自己說的嘛！「既生瑜，何生亮」——什麼？又不好笑？是你自己幽默感不夠好不好？

而且人的字不是隨便亂取的，是根據他的名來取的，所以「聞名知字，聞字知名」，孔明的明，不就是亮的意思嗎？

又例如岳飛字鵬舉，舉就是飛的意思，何況是鳥（鵬）在飛呢？

杜甫，字子美，因為甫就是美男子的意思。那杜甫本人到底是不是美男子呢？前面我們不是講過英雄美女的例子了嗎？還問！

韓愈，字退之，愈就是超過的意思，因為超過了所以要退之。

像有一位發言人，一天到晚要替他的老闆圓謊，我就覺得他很適合名叫葉謊，字圓之——不要罵我！說了謊就要不斷的圓謊不是嗎？

再來看蘇家兩兄弟最清楚：蘇軾，字子瞻；蘇轍，字子由。軾是馬車上的扶手，坐車的人可以扶著往前看，看就是瞻。而轍是馬車的軌道（不是鐵軌，是馬車長期走動形成的泥巴溝），所以你就要「由」這裡走，按呢有了解嘸（臺語）？

啊你說以前高中國文老師怎麼都沒說？只叫我一直背一直背，難怪你不愛上國文課——是不是覺得跟我「相逢恨晚」啊？沒關係，現在補課還來得及。

當然也有一些比較懶惰的，例如杜牧字牧之，李白字太白，李敖字敖之，不過所有的人我也只聽過謝震武（不是謝祖武喔！）叫過李敖「敖之兄」，謝大律師真的是有讀書的。

古代也有人連字都懶得取，乾脆跟名一樣的，不過這些人都不出名，不值得介紹，可見得人還是不要太懶惰的好。

不滿意名字就自己取吧！

好，那有了名和字，還可以有什麼？「蘇軾，字子瞻，號東坡居士」，你還可以自己取個號，有時候號還比字更夯，所以大家都叫蘇東坡，很少人叫他蘇子瞻。

號可以自己號，也可以被別人號，例如諸葛亮的號叫臥龍，苦苓的號叫大哥——欸不是我愛做大哥，是大家都苦哥苦哥的叫，把我都給叫苦了，所以才請大家改叫大哥，大哥是一種職業，不是輩分好嗎？

那除了被人家叫的綽號，演藝人員可以自己取藝名，作家可以自己取筆名，酒店小姐也可以取花名，這都只是一個Fu而已，例如你可能不會想看查良鏞（金庸）寫的小說，不會想聽劉福榮（劉德華）唱的歌，不會想點淑惠小姐來坐臺（當然是麗麗、露露、娜娜比較迷人）都是一樣的道理。

但是你稱呼人家的筆名也要叫對，既然是筆「名」而不是筆「姓名」，那就不可以把人家拆開來，你不可以叫金庸金先生、不可以叫苦苓苦大哥，就像你不能叫瓊瑤「瓊小姐」是一樣的道理。

那要怎麼叫？很簡單！就是叫金庸先生、苦苓大哥、瓊瑤小姐啊！不然你要叫三毛「三小姐」嗎？

每個人取筆名，自有他的考量，例如金庸是把他本名的第三個字拆開來，瓊瑤是根據詩經「投之以木桃，報之以瓊瑤」的句子來取名，而苦苓則是因為大學時代，和一個名叫苓的學姐苦苦相戀，所以才叫做苦苓的。

那後來有沒有修成正果呢？當然沒有！那為什麼不改名呢？因為已經有一些讀者了，改名有點可惜；而且如果換一個改一個，萬一哪天碰到一個女生叫做什麼瓜的，那我不就要叫做苦瓜了？所以就一路苦中作樂、苦盡甘來的給他苦苓下來了。

你要說我浪漫也好、肉麻也好，但我不是特例！知道吳念真吧？他原來的筆名叫念真，這個「真」也是一個女孩子的名字。

後來女孩子嫁人了，他不好意思再念真，才改名叫吳（無）念真，那你說他這樣不會太無情嗎？不會啊！他是改名叫吳（吾）念真，還是有在念，但可以不承認啊。

死後還得被取名的皇帝

反正你自己取的名字自己用、自己負責，要留名青史還是惡名昭彰，就看你自己了，所謂「虎死留皮，人死留名」，有些人活著就在籌備自己的紀念館，在乎的就是死後的一個名啊。

其實你死都死了，後人怎麼看你，你也不會知道，像陶潛（字淵明）死後也是默默無聞，一直到宋朝才被人家找出來說「這個不錯」，他自己都不知道轉世第幾代了，又怎麼會知道竟然會留名中國文學史呢？

所以杜甫說得好：「千秋萬世名，寂寞身後事。」我們只要活著的時候名聲不要太爛、能夠留一些給人家「探聽」，百年以後的事就管不了那麼多了。

反而是皇帝比較可憐：大家有沒有想到，為什麼開國後的幾個皇帝不是高祖就是太宗，而亡國前的幾個皇帝不是哀帝就是廢帝？怎麼那麼剛好？

豈不知這是皇帝的諡號，是後人根據他的表現幫他取的：性情溫和的叫仁宗，力圖振作的叫神宗，搞到國家滅亡的當然就只好叫哀呀、廢呀，不然就什麼順的。所以你看皇帝雖然可以亂搞，但也是要付出代價，真的會遺臭萬年的。

可見得，不是名字好人就一定會好，而是人表現好就能「揚名立萬」（萬是萬世，也就是永垂不朽啦！）。所以名字真的不是那麼重要。有人說我們中華民國只剩下十五個邦交國，也就是只有十五個國家肯叫我們的名字，不會很慘嗎？

我說不會啊，如果一個很不錯的人，只有十五個人知道他的名字，難道他就不是一個好人了嗎？

只有十五國和中華民國有外交關係，我們卻可以拿著中華民國的護照，不用簽證就到一百四十八個國家去（喂，不用先講就可以直接到他家，這很夠意思了吧？），有什麼好慘的？對面那個兇巴巴的大國，免簽國家還不到我們的一半呢！你說是誰比較受歡迎？誰比較有夠力？

再看這一次COVID-19的疫情，臺灣表現得那麼好，各國媒體紛紛稱讚我們，各國政府要跟我們合作防疫，各國人民都感謝我們的愛心捐贈……有沒有人叫我們中華民國，Who Cares？就像大家愛讀苦苓的書、上苦苓的FB、看我上電視、聽我演講……世界上幾乎沒有人叫我的本名王裕仁，我會有一點點在意嗎？並不會（我這樣比喻有點臭美吼？沒辦法，啊我就好國好民臺灣人）。

好啦，講了這麼多，不管你滿不滿意自己的名字，努力做一個讓自己滿意的人就對了。你對自己滿意了，才可能讓大家滿意你對不對？

第二章　食色性

有些東西，過了千年也不會變

6 哭泣篇

哭哭有三種，有聲有淚叫做「哭」，有聲無淚叫做「號」，有淚無聲叫做「泣」。

「哭，他在哭」，這話誰都懂，但是有一句羅大佑的歌詞：「亞細亞的孤兒，在風中哭泣」，那麼「哭泣」就等於是哭嗎？

又有人會形容：「他傷心的大聲哭號（音同嚎）」，那麼「哭號」和哭泣又有什麼不一樣呢？

哭哭有三種

其實很簡單，三分法：有聲有淚叫做「哭」，有聲無淚叫做「號」，有淚無聲叫做「泣」。

所以如果你一個人坐著靜靜的流淚，那就是在泣。小孩子得不到玩具，發出大哭的聲音卻沒有眼淚，那就叫做號。如果又發出哭聲、又流下眼淚，那就如假包換，真的是在哭了。

基本上當然泣是比較有感情的，自然流露；號則帶有目的性，例如「五子哭墓」這一類（這個例子好像不太好吼？），因為是代替家屬哭弔死者，不可能有真情，所以只能發出「阿爸呀~你死了真慘」（臺語）這種號叫聲，不過有時候叫得夠淒厲，觸動了死者家屬的緬懷之情，也會真的跟著聲淚俱下、哭成一團也說不定。

就西方人來說，在葬禮的時候，死者家屬不哭是一種禮貌，就算想哭在人前也要強忍著（如果感情不好，在心裡竊笑也不一定）；但對中國人而言，如果親人（尤其是父母）過世不哭，那你簡直就是大大的不孝。

難怪這個「代哭」的行業歷久不衰，聽說還有「孝女白瓊」版的，這個因為屬於民俗部分，我們就不多說了（唉唷，主要是因為我也不懂啦）。

對演戲的人來說，假笑比較容易，假哭就有點困難了——因為需要交貨（眼淚），所以厲害的可以讓自己很快進入悲傷的情境，功力比較差的就只能偷點眼藥水了。

聽說那位以哭戲聞名演藝界的劉雪華，她的獨門功夫在於：要有眼淚不難，但是淚眼盈眶不行，眼淚直流到下巴也不行；所以要在一滴眼淚流出來，剛到臉頰的時候，頭稍微一偏，讓那滴淚珠停在臉上，方便攝影師用特寫鏡頭捕捉——這是什麼？這就叫「術業有專攻」，嬸嬸有練過，小朋友不要學（諒你也學不會）。

哭泣專門戶

同樣是哭，也有「內斂型」和「外放型」的：前者像「哽咽」，那是硬把傷心的話或感情吞下去（咽，同嚥），結果哭聲「哽」在喉嚨裡出不來，像某些黨國大老每次去慈湖謁陵都會哽咽，真不曉得他們對沒見過什麼面的蔣介石為什麼會有那麼深的感情？難道革命實踐研究院有專人在教假哭嗎？

一般來說，我們如果講話就沒辦法哭（所以會哽咽），如果哭講話就會不清楚，但是某位主播在電視上報導已故元首移靈經過，從頭到尾一邊哭一邊講，哭得很傷心，但講得也非常清楚，因此備受好評、一炮而紅（當然這是她意料之外的），這又印證了一句什麼話？——答對了！「術業有專攻」。

反之，英國一向被稱為「鐵娘子」的柴契爾夫人，從不公開示弱，只有一次在報告她兒子因為賽車而失蹤時，忍不住流淚，那就是真情流露，還得到很多民眾的同情與肯定。

至於外放型的，那就是真的忍不住了，所以會嚎啕大哭，也不怕吵到別人，顯然是完全控制不住。

甚至有的哭到眼淚鼻涕滿臉都是，這個就叫「涕泗縱橫」——咦？怎麼只看到鼻涕，沒有看到眼淚呢？其實「泗」才是鼻涕，而「涕」的本意是眼淚，我們說「痛哭流涕」、「感激涕零」，甚至唐代詩人陳子昂最有名的那句「念天地之悠悠，獨愴然而涕下」，裡面的「涕」當然指的都是眼淚。後來它為什麼變成「鼻涕專用」，這就說明了語言文字是活的，會不斷變化，不然我哪有那麼多話好跟大家說？

涕泗縱橫還不夠厲害，還有涕泗淋灕（淋漓盡致的淋灕，充分發揮），最強的還有涕泗滂沱（大雨滂沱的滂沱，那簡直就是哭到要淹大水了），真是歎為觀止。

魯蛇的眼淚

一般來說，哭泣等於傷心，傷心等於失意，說穿了哭就是「魯蛇的言語」啦！

例如講到哭的成語，有「牛衣對泣」，那是說夫妻兩個太窮，連棉被都沒有，睡覺的時候只好裹著牛衣。可別以為是牛皮大衣哦！其實是用麻布編成，冬天給牛禦寒用的「牛衣」。窮到要用牛的「衣服」蓋著過冬，那豈止是悲傷？簡直是悲慘！「別忘世上苦人多」，這一對被世界遺忘的夫妻，難怪要相對哭泣。

還有一個是「新亭對泣」，那是西晉被人家打敗，跑到南方成了東晉，大臣們沒事在南京的新亭（如果是臺北，那就是在陽明山）看風景喝酒聊天，卻有人講起故國山河比較好看，於是大家悲從中來、相對哭泣。

幸好眾人裡面有個王丞相，還算是有志氣的，把大家教訓了一頓，說我們要立志中興復國（好可怕，就像以前說要反攻大陸一樣，還好不是真的），怎麼可以像「楚囚相對」？

這又引出另一個成語，叫做「楚囚對泣」，原來楚國有些軍人不太會打仗（就像國民黨一樣，四年之內從北到南一路敗退，三十五省被省到剩下一省），先輸給鄭國，又被鄭國當作戰俘送到晉國，就這樣被關著，也不知道哪一天可以被釋放，這些苦命的楚國囚犯情何以堪？只好天天相對哭泣。

所以不管是失去財富（貧窮）、或是失去權力（亡國）、還是失去自由（被關），都是值得一哭的啦！

無關悲傷的哭泣

而且人不一定是難過才會哭，例如「喜極而泣」，得到金牌的選手最容易有這種反應，大概是長年的艱苦訓練，壓抑的感情藉著眼淚發洩出來了。

或是明明已經落選的人，卻意外聽說對方賄選被抓到，被判當選無效，自己失而復得，也會喜極而泣。

有些老人則是會笑到流眼淚，那卻是因為年紀大了，淚腺不受控制；像馬英九前總統，就常常不明原因的哽咽，那其實就是老人淚腺失控，他並沒有那麼多愁善感好不好？

還有一個不由自主流淚的原因，在臺灣比較少見，那就是花粉。連戰先生去大陸的南京中山陵時，眼淚唏哩嘩啦的流，有人好感動說他好愛國，其實是南京花開、花粉四散惹的禍。

至於我們說「鱷魚的眼淚」，傳說鱷魚在要吃掉獵物時，會流下眼淚，吃都把人家吃了還哭什麼？因此被用來形容無情的人。

其實那是因為鱷魚為了攝取鹽分，流下鹹鹹的眼淚好讓吻部（就是長長的嘴巴啦）吸收，跟有情沒情一點關係也沒有好嗎？

一哭解千愁

根據醫師的說法：不管大笑或是大哭都能紓解情緒，對健康是有益的。反而硬是悶著不哭，或是憋著不敢笑，那都很容易得「內傷」，也就是所謂的「鬱卒啦！」（臺語）

當然大哭也要有一個限度，例如不要哭到肝腸寸斷，也不要哭到瞎掉眼睛（歷史上這種例子還真多，可見得古人哭起來比現代人認真多了），更不要把人家的重大建築物例如萬里長城都給哭倒了，那可是多少人千辛萬苦才蓋起來的呀！

最後祝大家心情愉快，沒事別哭，有事儘管哭沒關係——反正三種基本哭法，你應該都已經學會了。

當然最好是練到三者能夠交替互換、運用自如、很像真的……那就可以考慮發展新行業——當政客，或是組織詐騙集團了。

7 死亡篇

全屍有什麼重要的呢？因為你死後還要到陰間，到時候如果提著自己腦袋晃來晃去、當個無頭鬼，碰到其他同伴也不能點頭打招呼，確實是不太體面的。

「放肆！你怎麼可以一個人去冒險？萬一有個三長兩短，豈不是要變成烈士了嗎？」以上這段話的主題是什麼？謹慎？懦弱？明哲保身？都不是，而是——死亡。

放著屍體不管很過分！

「放肆」是什麼意思？肆是處理屍體，放肆就是把屍體放著不管，曝屍荒野就對了！你可能會說死就死了，屍體怎麼辨有什麼關係？那是因為你沒死過才這樣說（拍謝，好像我也沒死過）。

人當然怕死，但是Face Book（非死不可）的話，在意的就是死的方式了。如果是君王賜你毒酒一壺、綾羅（就是白布啦）三尺要你死，你立馬要感激涕零、叩謝皇恩，因為皇上仁德，幫你留了全屍。

全屍有什麼重要的呢？因為你死後還要到陰間，到時候如果提著自己腦袋晃來晃去，當個無頭鬼，碰到其他同伴也不能點頭打招呼，確實是不太體面的。

為了怕身體殘缺，將來到了陰間吃不開（有的甚至說連輪迴轉世都有困難），中國人自古以來，都非常注重屍體的「完整性」。

被砍頭還得送紅包？

所以有犯了罪被砍頭的人（中場插播：被判死刑的不一定是馬上砍頭：比較嚴重的叫「斬立決」，火速執行；否則就是「斬監候」，到秋天才一起砍，這個就叫做「秋決」；像臺灣現在也有六七十個死刑定讞卻遲遲沒有執行，這個叫做「兩公約」[1]，就是我們為了假裝是文明國家，所以該死的人都不給他死就對了），家人還要送紅包給劊子手，請他手下留情——當然不是不砍，而是請他別把脖子完全砍斷，留下一小塊皮讓頭和身體相連，這樣子要縫回去比較容易，勉強可以算是全屍。

說到砍頭送紅包，那可是必須連說三次的重要：除了要保存全屍，也希望劊子手一下子就把你的頭砍斷（講你好像有點「衰洨」，那就說砍我好了）。

因為西方的斷頭臺底下有一個砧板，刀子從上面高速下降，把頭砍斷的效率一定很高，法國大革命時代，瑪麗皇后就是在眾人的見證下這樣被砍頭的（你看我說吧，人家不愧是進步國家）。

而中國人砍頭，是犯人跪在地上，劊子手憑空一砍，不管動作再快、刀子再利，也不見得一次就能把頭砍斷。

不相信你做個實驗：抓兩隻鴨子（為了人道起見，最好是別人已經殺好的），一隻放在砧板上，左手壓著，右手砍牠的頭；另一隻用左手抓著牠高高舉起，右手憑空把頭砍斷。你猜哪一個成功率會比較高？那還用說嗎？

為了避免自己寶貴的腦袋沒有一次就被砍斷，必須被劊子手三砍四砍，甚至用刀子鋸斷的痛苦，犯人的家屬必須送紅包給劊子手，請他「手下不留情」。

古代有個叫金聖歎的，跟我一樣愛亂講話罵政府，但他生不逢辰（沒活在民主時代），於是就被官府判了死刑。

臨刑前夕，他偷偷跟劊子手說：「我的腰間有一個錦囊，裡面藏著我的傳家之寶，等一下你用快刀砍我，讓我不致痛苦，我藏的那個寶貝就送給你了。」

那個劊子手發現自己忽然成了「外快手」，當下大喜過望，手起刀落，「咔嚓」一聲就把他的頭給砍斷了，過程真的是「如行雲流水，行於所當行，止於所不可不止……」（抱歉，這是中學時代老師對我作文的評語，怎麼會不小心貼進來了？）。

話說那個劊子手任務完成，迫不及待就取下金聖歎腰上的錦囊，打開一看，裡面哪有什麼傳家之寶？只有一張紙條、寫著兩個字：「好痛」。

夠帥吧！夠酷吧！人都要死了還有心情玩這一招，既減少了自己的痛苦，又表現出自己的智慧與豁達，你的偶像名單可以再加一個人了！

1 兩公約是「公民與政治權利國際公約」及「經濟社會文化權利國際公約」兩項公約的簡稱。我國在退出聯合國前即在兩公約上簽字，但直到二〇〇九年才在立院三讀通過完成程序。但我國不具聯合國席位，故聯合國不接受我兩公約批准書之存放。

最慘的死刑是？

回頭來說死刑：如果是比較嚴重的死法，例如腰斬，就是把人一刀切成兩段，問題是那往往要砍很多刀才能切得斷（脖子都那麼難砍了，何況是腰，如果是腦滿腸肥的貪官，光是那個大肚腩就要砍很久），這個夠慘了吧！

但那還比不上「車裂」，也就是俗稱的五馬分屍，把你的，噢不，是我的頭和四肢分別用繩子綁在五輛馬車上，一聲令下五匹馬向五個方向狂奔……夠血腥吧！夠暴力吧！據說這是武則天發明的，而她的創意來自於生小孩的疼痛，難怪別的皇帝都想不出這一招，因為他們都沒生過小孩。

更慘的是「凌遲」，就是用刀子把你身上的肉一片一片割下來，但不能讓你死掉，你能活幾天就多痛苦幾天，主要靠的還是這位劊子手的「術業有專攻」——割你的肉好幾天，抱歉，應該說割我的肉好幾天，我卻還不會死掉，雖說是割不死，但痛都痛死、恨都恨死了。

唯一「報仇」的機會是：萬一劊子手「技術」不好，「片肉」（片，中國北方用語，削成一片一片的意思）片不到兩天犯人就死了，那麼劊子手失職，也要當場處死，這樣有比較解你，哦不，解我心頭之恨嗎？

臺語裡也有「凌遲」，卻只是作弄、欺負的意思，比起當年用刑的慘烈，那可是輕描淡寫多了，也再一次證明我們（其實只有我啦）說的：語言文字都是活的、都會不斷變化的。

但是不管怎麼死的，死了之後至少可以讓家屬來收屍，稍微「處理」一下吧！可是如果犯了重罪，官府就會下令不准收屍，任憑屍體在刑場腐爛，這種悲慘的景象就叫做「放肆」。

古代小說或古裝劇電視裡，常有人被迫「放肆」，也有人冒險幫他（她）偷偷收屍，可以說是情深意重呀！

所以罵人放肆，也就是罵人「找死」，算是非常嚴厲的。臺語有一句：「路傍屍，腳骨大小枝」也有異曲同工之妙。

三長兩短的由來

至於三長兩短，大家都知道就是意外的意思，但是三長是什麼東東、兩短又是什麼碗糕（據說這個詞是髒話）呢？

原來古代沒有鐵釘，所以棺材要用皮做的帶子去綁。棺材的形狀是長方形，一邊較長、一邊較短，長的一邊要用三條皮帶去綁，短的一邊用兩條。原來「三長兩短」是用來綁棺材的，那也表示是「直接送命」的危險，比我們現在講的「發生意外」的意思，好像還要嚴重一些。

死了才算得上烈士？

至於烈士，大家都去過忠烈祠，也知道黃花崗七十二烈士，所以通常認為烈士就是已經死掉的人。一般在勸一些人不要太過莽撞，例如下屬去批評上司，或者老公去稱讚別的女人，我們都會問：「啊你是想當烈士哦？」

可是烈士不一定指死掉的人耶！曹操的詩：「老驥伏櫪，志在千里，烈士暮年，壯心不已。」裡面的烈士就不是死人，那時稱一般勇敢的人叫壯士，特別英勇的人才能叫烈士——可能因為特別英勇的人特別容易死掉，所以烈士現在就只有死的、沒有活的了。

不管怎麼說，拚著自己的命不要，為了解救天下蒼生去當烈士，都是值得稱許的，像戊戌政變裡「六君子」之一的譚嗣同，明明可以跟他的老師康有為、梁啟超一樣逃掉，但是他偏偏不走，不是因為護照還沒辦好，而是覺得只有透過自己的被處死，才能喚醒國民：「立憲維新」這件事是多麼的重要。都有人為這個而死了，大家不稍微想一下嗎？

你看他臨死的兩句詩：「我自橫刀向天笑，去留肝膽兩崑崙」，簡直就酷斃了！偶像名單趕快再加一個。

所以古人又說：「慷慨成仁易，從容就義難」，要一時衝動喊著衝呀殺呀就死掉了，還比較有可能；但是明明可以不死卻去死，或者要死了還一副滿不在乎的樣子，那真的就是最高境界了，我們凡夫俗子自嘆不如。

荊軻有個豬隊友

但是也有例外，那就是「風蕭蕭兮易水寒」的荊軻先生。

荊軻武功不好（這是有認證，不是我亂講的），卻又自告奮勇跟燕太子丹表功，說要去刺殺秦王。

太子丹大喜，每天供他吃香喝辣、美女侍候，他卻說要等一個很厲害的朋友來了才比較有把握，才要一起出發。

這個不知道是不是「虛擬」的朋友始終沒出現，太子丹左等右等，在酒店寄放的酒（喂，又不是金錢豹！）卻已經喝完了，想想這樣下去不是辦法，到時候秦王還沒有刺到，自己就先破產了，於是就頻頻催促荊軻上路。

荊軻不得已，只好去路邊找了一個表面上看來雄壯威武，到了現場卻頻頻發抖的「遜咖」——秦舞陽一起去，真的是個「伊母拍死某」（請用臺語念Impossible）的任務，一點成功的可能也沒有。

本來刺殺過程尚稱順利，到了秦王面前，「圖窮匕首現」，荊軻一傢伙刺過去，竟然失手（就跟你說他武功不好唄），秦王在大殿上跑，他就在後面追，兩個人竟然玩起「老鷹抓小雞」的遊戲來了。這要是讓葉問看到一定會氣死，連一個人都追不到，有功夫這麼爛的武打片男主角嗎？

秦王身上雖然帶了長劍，卻不太會使用（老大平常自己沒有在動手殺人，不免生疏），還是大臣們在底下大呼小叫，才教會他把劍拔出來，砍了荊軻一腿，荊軻眼看沒希望了，就把手裡的小刀向秦王丟去，結果還是沒丟中（武功不好，第三次），這下真的「壯士一去兮不復還」，非做烈士不可了。

最後剩下兩個問題：一、秦王的衛士為什麼不上殿救駕？二、這段時間他的「特助」秦舞陽在幹什麼？

第一個答案很簡單，因為怕有人起異心謀刺秦王，所以規定帶武器的衛士一律不准上殿（據說秦王經此刺激，發憤苦練劍術，後來得到全國擊劍冠軍……喂，說到哪裡去了？）。第二個答案更扯，秦舞陽竟然緊張到昏倒，完全沒去幫荊軻追殺秦王，直到被衛士們一擁而上剁成肉醬，他也沒弄清楚到底發生了什麼事。

結論一、不要硬幹自己不擅長的事，即使有再多好處也不成。

結論二、人不可貌相，「好看頭」（臺語：看起來肥壯）的不一定真的厲害。
結論三、只要有一個豬隊友，你就很有機會變成烈士。

8 罵人篇

比起日本話、泰雅族語中沒有半句髒話，「術業有專攻」，罵人罵了四千多年的中國人才會發展出一整套的罵人文化……

其實我們每個人雖然都愛講話（據說監獄裡最殘酷的刑罰就是把人關在獨居房，不准他跟任何人講話，通常這個囚犯很快就發瘋了，可見人真的是群居的動物），但也常常「不知所云」（不是亂講話，而是不知道自己講的話是什麼意思，或是怎麼來的），例如「不管三七二十一」這句話大家常常講，當然也都懂，就是不顧一切、非幹不可，準備壯烈犧牲（也沒那麼嚴重啦！）的意思。

「不管」後面為何要接「三七二十一」？

但你有沒有自問過：為什麼是不管三七二十一呢？為什麼不是不管三九二十七呢？或者九九乘法表上面任何一個組合呢？

你看吧！「事出有因」、「學海無涯」，永遠有我們不知道的事，永遠要有求知的精神。

其實這是戰國時代的蘇秦，專門煽動各國聯合起來對付秦國（另一個跟他對著幹的叫做張儀，專門煽動各國分別和秦國合作，這兩個都算是縱橫家，聽說他們的師父就是有名的鬼谷子），有一次秦王出動百萬大軍要打齊國，齊王兵少怯戰、有意投降，蘇秦卻勸他說：「不會啊，我們齊國首都臨淄有七十萬戶，每戶出三個壯丁，就有二百一十萬人，比他們還多一倍，怕什麼？」

齊王一聽有理，膽氣大增，馬上下令迎戰秦軍，果然就——打敗了！

臨淄有七十萬戶沒錯，問題是誰跟你保證每一戶都會有三個壯丁？所以說蘇秦「不管三七二十一」，把齊王害得好慘，屍橫遍野，只留下了這一句成語，讓大家不知所云的用到現在。

二百五的來歷

故事還沒結束：秦王一聽原來是蘇秦在背後挑撥，就逼著齊王要人，齊王無奈，只好懸賞一千兩銀子，下令全國捉拿蘇秦，生死不論。

結果一共竟然來了四個人，都說自己把蘇秦殺了，卻又都拿不出證據。齊王在心裡暗笑，因為他早就把蘇秦偷藏起來了——但這是周杰倫「不能說的祕密」，被秦王知道不得了！只好把一千兩銀子平均發給四個人，每人兩百五十兩。所以後來就罵不正經、胡說八道的人是「二百五」。

你可能會說：這種冷到北極去的冷知識，有什麼需要知道呢？知道了又有什麼用呢？不瞞你說：有一次我去上胡瓜的電視益智節目，就是因為答對了這一題，得到了十幾萬元的獎金（當然有誠實納稅），那你說到底有用沒用呢？

古人說：「書到用時方恨少」，多讀書，把書的內容記起來總是好的，就像你和另一個人去應徵同一份工作，老闆問了一個問題，對方說「我馬上Google一下」，你卻能直接把正確答案說出來，你覺得老闆會錄取誰呢？

只有累積大量的知識，並且把這些知識「內化」，才能在這個資訊氾濫的時代裡面，及時掌握正確而且有用的資訊，否則你只會Google，天知道Google來的知識到底是否正確？連維基百科都可以有人自己上去修改了，應該還是正式出版的書籍和雜誌比較可靠一點吧！聽爺爺（不是我爺爺，也不是爺爺我，是泛指老人家）的話：多讀書，多讀書總是錯不了的。

好了，再說下去又要說我離題了（咦？離題不就是我最大的本事嗎？不然哪有那麼多話好說？），還是回來繼續罵人。

三八的由來

另外有一句「三八」，和二百五的意思差不多，臺語有一句「三八假賢慧」，是很好的對照組。但如果罵女生三八還加一個「姫」，那就更難聽了。那三八又是怎麼來的呢？

話說宋朝有一個叫做魏野的文人，認識了一個名妓叫做張八（八是她的排行，比起李師師或是陳圓圓，她的名字實在太遜了，但應該沒有影響到她的業績），有人要求魏野寫首詩（以前文人跟妓女在一起都是吟詩作對行酒令，不一定幹那件事的），他也就當場發揮，寫了「君為北道生張八，我是西州熟魏三，莫怪樽前無笑語，半生半熟未相諳。」這首詩。

意思就是說我魏三爺（想必也是排行）在西州這裡雖然混得很熟，但是跟妳這個北邊來的張八卻還陌生，所以我跟妳喝酒沒有嘻嘻哈哈，這是因為大家還不夠熟的關係，等一下把妳「框」起來再帶妳「出大場」，相信我們就可以很熟——呸呸，我又忍不住在亂講了，別理我！

平心而論，這首詩沒有寫的很好，但是卻造就了一個成語：「生張熟魏」，用來形容歡場女子的送往迎來，而詩中的「三八」也就被用來批評那些行為隨便的人（以前專指女性，現在已經通用了）；而且現在的意思也沒有那麼嚴重，只要有點荒唐、放肆，都可以說他（她）「你怎麼那麼三八」？

至於三八婦女節，那是國際通行的節日，剛好設在三月八日，一點都沒有借機諷刺女性的意思（何況又不是我國自己訂的），請大家千萬不要誤會。

我們自己訂的大概只有一個八八父親節，當然是取爸爸的諧音。那麼美國的父親節一定不會是八月八日，他們的母親節和我們一樣，都是五月的第二個禮拜天，那麼他們的父親節是哪一天呢？這個不一定要是中文系的，中文系的也未必會，如果你知道我也幫你按一個讚。

走鐘的十三點

還有一個和三八不相上下的、快要失傳的（瀕臨絕種，要趕快保護，免得我們罵人的話不夠用）叫做十三點。

十三點為什麼是罵人呢？因為以前剛有時鐘的時候，不是家家戶戶都有，所以公共場所會設時鐘（你看只要是日本人在臺灣蓋的火車站，上面一定會設時鐘，按時上下班、生活作息的時間觀念是由日本人帶來給臺灣的），每個小時看現在是幾點就敲幾下，最多是十二點敲十二下，如果敲出十三下那就是錯誤了、「走鐘」（臺語）了。

所以香港人習慣把不正經的人叫做十三點（後來傳到臺灣，跟燒鴨、油雞和叉燒一樣也被我們接受了），臺灣講國語的人有在用，講臺語的就沒有（可能還是三八比較順口），反正是罵人，管它叫什麼，有效就好。

前一陣子武漢肺炎鬧得沸沸揚揚，就有一些玻璃心說這個名字刺傷了中國人的心，那很好笑耶！這麼多年來我們都把長黴菌的腳叫做「香港腳」，有沒有想到會傷香港人的心呢？

大家最多就只這樣想一想，但是我們要有求知的精神，我就問香港人對香港腳的看法，結果他輕鬆的回答說：「哦，那個我們叫新加坡腳。」然後我再去問新加坡人，結果他竟然說：「哦，你是說那個臺灣腳呀！」——你看！「腳腳相報何時了」？不過就是個名字吧，套一句老話：「有那麼嚴重嗎？」

紅貴綠賤的情色產業

罵人雖然不好，但我們是在研究學術（是嗎？），所以還是要繼續深入了解：罵人的話最嚴重的大概就是王八蛋了。

其實在中國大陸還有一個類似的罵法叫做「忘八」，就是「孝悌忠信禮義廉恥」的第八個字他給忘了，也就是說人家無恥的意思。

至於王八蛋那就深奧了！首先王八就是烏龜，但烏龜何辜，只是動作慢一點，有時候「龜縮」也是為了自衛，你買彩券「槓龜」也不是牠害的，難道就要負責挨罵嗎？

其實是因為古代的賣淫行業，雖然明明有此需要，卻又被人看不起，所以規定他們要用最賤的顏色：朱紅色是最富貴（你看皇室和貴族都搶著用），那最賤的就是綠色了（這是古早時代的事，和民進黨沒有關係，和綠色和平組織也沒有關係，純屬巧合好嗎？）。

所以妓女戶叫做「綠燈戶」，工作人員都要穿綠色衣服，尤其是把老婆送來「上班」，自己卻在這裡負責打雜的男人，都被規定要戴綠色的頭巾。而他們的老婆既然送往迎來、生張熟魏，萬一不小心生了小孩，當然不是他的種，所以一般男人若是太太在外面偷情，就會被叫做「戴綠帽」。

而因為烏龜的頭也是綠的，所以這種人又被稱為龜公，國語叫拉皮條，臺語叫三七仔（介紹人可以分到三成）。所以罵人王八，就是罵人烏龜、罵人是龜公、是戴綠帽的，可以說是非常難聽的了。

那怎麼又會有王八蛋呢？王八生的蛋就是龜兒子，連老爸一起罵，而且暗示對方是妓女的兒子，夠毒吧？

甚至還有罵龜孫子的，那真是「更上一層樓，惡毒無止境」，把人家祖孫三代都罵到了，真不知道跟他是有怎樣的深仇大恨？

◇

至於牽涉到性行為和生殖器官的罵人的話，那就不是「粗話」而是「髒話」，我們國文課的學生個個都是翩翩君子、窈窕淑女，當然不屑於學這樣的東西——刪掉！

比起日本話裡完全沒有髒話，最嚴重也只是罵人家「馬鹿野郎」（就只是傻瓜的意思），絕不會去講到生殖器，或攻擊對手的父母，看起來人家真的比較文明。

可是臺灣的原住民泰雅族，他們也沒有半句髒話呀！有一位原住民朋友還問我：「你們平地人，為什麼常常說要睡人家的媽媽？媽媽年紀很大了嘞。」

果然是「術業有專攻」，罵人罵了四千多年的中國人才會發展出一整套的罵人文化，這次只是為大家介紹一下來龍去脈，希望不會弄髒各位讀者的耳朵——瞎密？你說早就被我弄髒了？不好意思，誰叫我懂那麼多（這樣說又不合我謙虛的本性），不吐不快呀！就請多多忍耐吧！

哦對了，那你說亂罵人會不會下地獄呀？一定會！而且會下十八層地獄。十八層地獄各有特別的風格，就好像汽車旅館的房間一樣（這個比喻好像不太好吼？），那你知道亂講話的住在第幾層嗎？就住在第一層：「拔舌地獄」，好方便！都不用爬樓梯耶！百年之後，歡迎光臨，有很多政客和名嘴都跟我們住在一起哦！

女生大為感動，決定嫁給第一個最有錢的男生。唉，世界就是這樣，嘐怨嘆、愛認命，按呢卡好過啦（臺語）！

9 兩性篇

上次的罵人課大受好評（誰說的？當然是我自己說的，老王賣瓜、自賣自誇嘛！），這一次就來上個兩性課。

不要忘了我除了是自然生態作家、極短篇小說作家，也曾經是兩性作家。只不過二十幾年前，因為自己的兩性關係處理得不太好，從此不敢再自稱兩性作家。到了現在「東山再起」，反正也沒有人在乎了——我們年輕時男女連牽手都會心跳加快，哪像現在有的人沒見過面就可以約炮？人類的兩性關係變化之快，絕不輸給地球暖化。

黃花閨女的由來？

還好我們談的是古代，古代的女孩子叫做「黃花閨女」，也就是處女的意思——現在還有人懂這個意思嗎？有哦？拍謝拍謝，是我失言。

但是處女跟黃花有什麼關係呢？跟黃花確實沒有關係，但是跟「花黃」有關係：花黃又叫額黃，是用金黃色的紙剪成星星、月亮、花草或是鳥類的形狀，貼在額頭上，〈木蘭詞〉（其實應該是木蘭詩，宋代才有詞）描寫木蘭從軍回家以後，「當窗理雲鬢，對鏡貼花黃」，說的就是這個情景。

因為大多是還沒有出嫁的女孩才流行貼花黃（可能嫁人以後就要忙著做家事、生小孩，沒那個閒工夫了），所以就用花黃來形容處女，沒出嫁的女生就叫做黃花閨女了。

那是不是處女重要嗎？非常重要！

古代婚禮經過「一拜天地、二拜高堂（就是父母啦）、夫妻交拜、送入洞房」之後，高潮戲不在新婚之夜，而在第二天一大早：媒婆迫不及待的「衝」進洞房，如果拿出來的是一塊白布上有一灘紅色血跡，像日本國旗那樣，早已在旁邊等待的全家人就會歡聲雷動（有那麼誇張嗎？），確定娶到的是一名處女。

萬一不幸，媒婆拿出來的是一塊白布，那真的不是「投降」就可以了！馬上要向新娘的父母興師問罪，為什麼沒有給我們一個「白璧無瑕」的女孩子？新娘立馬被休掉都有可能！

因為事關重大，所以古代的好人家（其實也就是比較有錢有勢的人家），是不會輕易讓女孩子出門的，最好連別的男人也不要見到。所以家裡前面有花園，後面還要設一個後花園，專門給小姐帶著丫鬟撲蝴蝶用的，就是讓她雖然不能出門，也有一點小小的娛樂空間。

外出禁足，拜廟除外！

當然也會有例外：例如媽媽帶著女兒去廟裡燒香，要拜神你總不能阻止吧？所以古代的女性特別喜歡去廟裡拜拜，不是因為信仰虔誠，而是找機會看看外面的花花世界。保守的男人不以為然，就有了「挽籃子假燒金」（臺語）這句帶著諷刺的話，暗示有人偷跑出門去亂來的意思。

很久以前，李登輝前總統曾經用這句話指責宋楚瑜前省長，很多人不了解，想說宋有欺騙李什麼事嗎？其實是宋利用省長職權，暗中建立自己的樁腳，被李認為他另起異心，才用這句話暗諷宋「不忠」、「偷吃」——這只有「巷仔內」（臺語：內行）的人才聽得懂啦！

西廂＋表哥＝情慾組合包

問題是外面的男人不能見，但是親戚總可以吧？表哥總可以吧？大概因為極少見到家人以外的年輕男人，「黃花閨女」一見到表哥這樣的年輕男人就受不了了，就往往出事了，《西廂記》的故事就是這樣來的。

為什麼是西廂、不是東、南、北廂呢？因為古代的三合院座北朝南，西邊的廂房是給客人住的，所以家裡請的老師叫做「西席」，我們把請人的老闆叫做「東家」，請客的人叫做「做東」，就是這個道理。

《延伸教學》：古代的三合院座北朝南，主人是住在南邊這一廂，如果大兒子娶了老婆就住在東邊，二兒子也娶了老婆只好住在西邊，所以這兩兄弟的老婆，也就是妯娌，是東西相對的，臺語叫妯娌「東西仔」，就是這麼來的。

而表哥是住在西廂的，白天看到額上貼著花黃，長得花容月貌的表妹，晚上慾火焚身（講色心大起會不會好一點？好像也一樣），忍不住就跳過牆來，上演一場《西廂記》了。

所以在古代，《西廂記》是禁書（拜託哦，一點也不A好不好？），《紅樓夢》裡的林黛玉偷看這本書時，被薛寶釵發現，還被「勸誡」了一頓。還好賈寶玉也喜歡看，兩個人躲起來偷偷的一起看，看到後來發生了什麼事，也就不用我再說了。

當然你會說這很不公平！憑什麼新娘就要是處女，新郎就沒人管他是不是處男（基本上也驗不出來）？因為古代男人娶一個女人進來，主要目的是為了生小孩（如果不會生，就符合「七出」的條件，就可以把老婆休掉，這又是一個不公平！），生下來的小孩當然要養，那如果辛苦養的是別人的「種」豈不是虧大了？古代又不能驗ＤＮＡ，所以要確定新娘是處女，沒碰過別的男人，好像也只有這個「禁足」的辦法。老祖宗思想不進步、科學也不進步，我們就原諒他們好嗎？因為沒有他們，也就沒有今天的我們不是嗎？

「掌上明珠」的由來？

雖然是重男輕女，但畢竟是自己的骨肉，很多人還是很疼惜女兒的，把女兒當寶貝、當作「掌上明珠」。

這個成語又是怎麼來的呢？「昔君視我，如掌中珠，何意一朝，棄我溝渠」（從前你對我，就像手掌上的一顆寶珠，哪裡想到有一天，你會把我丟在水溝裡？）這是一首名叫〈短歌行〉的晉朝情詩，一看就知道是用一個女生，而且是一位被拋棄的女生的口吻，來寫給男生的，十分的哀怨。

這樣看來，掌上明珠本來是用來形容愛人的，怎麼會變成「女兒專用」呢？看來「女兒是男人前世的情人」這句話不只適用於西方，在中國也是一樣。

男女授受不親

前面講到女孩子不能跟陌生男人見面，你覺得已經很不合理了嗎？那我告訴你：在孔子的《禮記》裡，規定的更嚴格：所謂「男女授受不親」，授是給，受是接受，男生要給女生東西，不可以直接拿給她，要放在篚（竹子做的容器）裡面才行；女生拿東西給男生也一樣，如果連這個篚都沒有，就只能把東西放在地上，讓對方來拿。

記得我小學的時代（那應該是侏羅紀時代吧！），女生和男生要跳土風舞（果然是侏羅紀時代！），卻害羞不敢牽男生的手，就拿一根小樹枝讓男生握著，這也是「男女授受不親」，也可見得「禮教」的遺毒有多深，難怪作家魯迅要吶喊「禮教吃人！」——至於禮教到底怎麼吃人，麻煩各位自己找他的著作來看。

還不只是這樣！就算是一家人，也不能男男女女混雜坐在一起，男女生的衣物不能掛在同一個衣架上，也不能使用同一套盥洗用具（這一點倒是符合衛生啦，也符合防疫標準，不過古人想的只是男女授受不親）。

更扯的是：女孩子出嫁以後回到娘家，既不能跟兄弟同席而坐、也不能同器（碗盤）而食，為什麼變得比以前還要生疏呢？因為她現在已經屬於別的男人，所以就算是自己兄弟也要「敬而遠之」，以現在來看，實在是很沒有人性的。大家應該也很慶幸自己不是生在那個時代。

春夢的痕跡

既然這也不行、那也不行，那麼我作夢總可以吧？大家當然立馬聯想到「春夢」，甚至想到「春夢了無痕」的句子，其實春夢常常「有痕」，不是在內褲上，就是在床單上……呃，不說了不說了。

可是春夢是冤枉的！少男思春是有的，少女懷春也是有的，誰叫春天萬物復甦、生機蓬勃呢？還有一種精神病是春天才會發作的，臺語叫做「痟桃花」（桃花是春天開放的），可見春天真的是威力無窮。

但就算你翻遍自古以來的詩句（當然是用Google啦！哪有那麼勤勞？），春夢指的都是春天的夢，用來形容人生不過像一場春夢，既然終究要空，那又何必太計較？從來就沒有跟性愛有關啊！不知道是哪一個「不速鬼」（臺語：形容不三不四的人）最先這樣用的？

即使是「買春」，在古代也是買酒的意思，好像是喝了酒就感覺到像春天一樣的舒服，沒有一點色情的含義，當然更沒有所謂的賣春，人家古人是很純潔的好不好？大家不要想歪了。

巫山雲雨

那麼古人難道就不會在夢裡胡思亂想嗎？當然會，「古人也是人」（這句話怪怪的吼？），不過古人做的不是春夢，而是叫做「巫山雲雨」的夢。

巫山在長江，它最有名的景色叫「朝雲暮雨」，這裡住著一個神女，誰要是夢見了她，就可以跟她交歡（交歡聽不懂？哎喲，就是那個啦！），這個厲害了吧？

而且這不是「空思夢想」（臺語）哦！根據屈原《楚辭》的記載，楚襄王就真的有這個豔遇，那個神女還跟他說：下次還可以來找我（當然也是要用作夢的），我早上是朝雲，下午是行雨——原來「翻雲覆雨」這句成語是這麼來的。

還記得我們講過賈寶玉和襲人的第一次嗎（啥？已經忘了？你是蜜蜂，記憶力只有四秒鐘嗎）？那一章就叫做「賈寶玉初試雲雨情」，下一次如果是雲霧瀰漫的雨天，男生們不妨趕快去睡個午覺，說不定真的有巫山神女會來找你哦！

或許有人會問（其實是我自己愛講）：為什麼不講女神，要說神女呢？二者有何不同，試申其義。

拜託哦，女神那麼高尚聖潔，真的下凡來了你敢碰嗎？而神女是古代在廟宇裡面，自願為單身者提供性服務的女人，所以叫做神女。妙的是在古代西方不論希臘或是埃及，也有類似的神女，算是一種宗教附帶的慈善事業吧（沒有老婆的男人，真的很可憐）！

那你說沒有老公的女人難道就沒有需求嗎？當然有！可是那是重男輕女的古代呀，而且女人算是高等動物，比較不會那麼「色」好不好？咱們專心上課，就不要再計較了。

青梅竹馬真的是兩小無猜？

雖然古代男女之間有這麼多「不可以」的規定，但是誠如我們之前所說「規定就是用來違背的」，所以他們之間也不是什麼事都不會發生，例如大家最熟悉的「青梅竹馬」這個例子，啊人家從小就很好，啊不然你是要怎樣？

這個成語來自於大詩人李白寫的〈長干行〉，有收在《唐詩三百首》裡（收在裡面很屌嗎？那當然！幾十萬首選三百首，不容易吧？）。「郎騎竹馬來，繞牀弄青梅，同居長干里，兩小無嫌猜」，小男生騎著竹馬，拿著青色的梅子來跟小女生玩，大家都是住在長干里的，彼此之間沒有什麼猜忌、猜疑（例如：你真的只愛我一個人嗎？那個女的到底是什麼人？……），所以還有「兩小無猜」這個成語，感覺都是很可愛、很純潔的啦！

等一下！苦苓你不要以為我們沒有發現：「繞牀」耶！都跑到床邊來了，難道沒有什麼曖昧嗎？

喂，你馬幫幫忙，古代的人沒有椅子，都是席地而坐（像日本人坐榻榻米那樣），是唐朝以後才傳進來「胡床」，演變成後來的椅子。

那既然李白的時代還沒有床，詩中的小男生繞的又是什麼牀呢？這個牀指的是井邊的圍欄，就像大家最熟悉的李白的詩「牀前明月光，疑似地上霜，舉頭望明月，低頭思故鄉」，如果他已經躺在睡床上了，又

《延伸教學》：你看到「胡」就知道了，這是從北方外國來的，例如胡瓜、胡蘿蔔；或者來自「番」邦，例如番茄、番石榴或番仔火（臺語：火柴）；要不然就是來自「西」洋，例如中國大陸的西紅柿（番茄）、西蘭花（花椰菜）……真的都是「其來有自」。

怎麼看得到地上的霜呢？所以他是在井水的圍欄旁邊看月亮的（而且人躺在床上，是要怎樣「舉頭」呀？仰臥起坐嗎？）。當然青梅竹馬的這個牀，也是一樣的意思，古詩裡面常常用到，不相信自己去找Google大神就好了。

如果你夠精明（我就假設你有吧！免得大家尷尬），一定會發現在前面的文章裡，床和牀輪流出現，沒錯！床是睡覺用的，而牀就是「井闌」，兩個根本不一樣。你的中學國文老師當初沒有教你，害你幾十年來都因為不能得知真相而懊惱無比（並沒有！），幸好你現在碰到我還來得及（又怎樣？）——哎喲給我炫耀一下又怎樣咩？難得有我懂的東西好不好？

充滿電力的秋波

男女想要互相吸引，又因為「男女授受不親」不能動手動腳，那就只好用眼睛「暗送秋波」了。

當然拋媚眼也要有條件，不能搞成「東施效顰」，成了反效果。如果是青春無敵的美眉還OK，如果是半老徐娘，那就不管有沒有餘韻猶存，還是低調一點的好。

不過這在古代只限於形容女人的眼波，現在多元成家，用來形容男人好像也沒什麼不妥。其實你看某些男生女生長得不一定很好看，但是眼睛水汪汪的，一副很吸引人的樣子，我阿嬤說這叫眼帶「桃花」，特別有異性緣，用來發送秋波（也就是放電啦！）是再適合也不過了。

但為什麼是秋波，不是春夏冬波呢？因為秋高氣爽，秋天的水特別清澈，被叫做「秋水」。秋水有多清澈呢？可以一眼看到底，所以有「望穿秋水」這個成語，形容非常的渴望。

而清澈的秋水再稍微起點波瀾，那就不只是水在動，更令人心動了。漂亮的女生只要往旁邊看一眼，根本不用開口講話，就可以讓男生被電到了，秋波就可以「暗送」（用臺語念念看，感覺不一樣哦！）

《延伸教學》：半老的徐娘是指南朝梁元帝的妃子徐昭佩，她雖然出身豪門，長相卻很一般，所以在生了兩個小孩之後，元帝就兩三年才來惠顧，哦不，是臨幸一次。徐昭佩深宮寂寞，就開始找面首（又稱做姘頭、或是情夫），「陣容」包括道士、大臣和文人……其中有個大臣暨季江就到處去說：「柏直（地名）的狗老了還能打獵，溧陽的馬老了還很會跑，徐娘（昭佩）老了卻還很多情。」於是「徐娘半老，風韻猶存」這句話就此流傳千古，是好話還是壞話，就請大家自行判斷了。

前面我們講到《西廂記》（該不會已經忘了吧？蜜蜂！），裡面就有一句「怎當她臨去秋波那一轉！休道是小生，便是鐵石人也意惹情牽。」（怎麼受得了她臨走時回頭看我一眼！不要說是我了，就算是鐵石心腸的人也會念念不忘。）

厲害了吧我的秋波？所以情人分手的時候，千萬不要一句再見、掉頭就走，一定要停下來，回頭深深的看對方一眼，「臨去秋波」，讓他念念不忘的啦！

偷香竊玉的典故

但是如果想要更進一步行動，那光靠目光還不夠，就要「偷香竊玉」了——你看古代人做壞事也有那麼好聽的話，就像做那件事叫做「周公之禮」、上課打瞌睡叫做「夢見周公」，都是從孔子來的，孔子為什麼那麼喜歡周公呢？因為周公特別喜歡訂立規定，而孔子又特別喜歡叫人守規定……這不是跑題，這是「劇情預告」，以後的課我們會講到。

話說回來，偷香是指晉朝的大官賈充，他有一個部下叫做函授——不是啦！我還面授咧，是叫做韓壽，長得像王力宏，就被賈充的小女兒賈午看上了（可見規定還是沒有很嚴格，也證明我說的規定就是用來違反的），就派了丫頭去試探一下（原來古代的丫頭除了陪小姐在後花園撲蝴蝶，還有這個功能，難怪《西廂記》裡這樣，《白蛇傳》裡也這樣，真的是術業有專攻），韓壽身手矯捷，當晚就跳過牆來成其好事。

女孩子喜歡上一個人難免要送點紀念品，賈午小姐手上有爸爸給的、進貢給皇上的西域奇香（可見她爸也很夠力），就送給了韓壽，韓壽當然帶在身上（這是最基本的禮貌，否則這個男朋友就要GG了），可是香味太濃，被其他同事發現了，就一狀告到賈充那裡去。

賈充聞言大怒！馬上把女兒抓來嚴刑拷打——沒有啦！怎麼捨得打掌上明珠？就問一問而已，這個老爸可能覺得韓壽長得又帥身體又好，或者是「木已成舟」、「生米已經煮成熟飯」，鬧起來也不好看，就乾脆答應他們兩個在一起了。

其實做父母的聰明一點，千萬不要反對子女的婚事，你硬是阻礙TA，如果以後找不到對象了，或者後來照你意思的婚姻卻不好了，就會被TA怪一輩子，何苦來哉？

你當然可以勸自己孩子，勸不聽就由TA愛跟誰跟誰：如果婚結得好了，你吐吐舌頭慶幸自己沒有阻止；萬一婚姻不好，也不關你的事——當然不要幸災樂禍的說：「誰叫你當初不聽我的？」

所謂「兒孫自有兒孫福，莫為兒孫作馬牛」，TA已經是成年人了，讓TA負責自己的人生你不要干預很難嗎？

話說遠了，再回來說「竊玉」，這是講到唐玄宗有一位兄弟寧王，他有一把紫玉笛，因為楊貴妃很喜歡（或許只是好奇，但別忘了「好奇心是會殺死貓的」），就叫人去偷了出來，自己吹吹看。

本來這也沒什麼，但是被一個無聊文人張祜知道了，就把它寫在詩裡面：「梨花靜院無人處，閑把寧王玉笛吹」。

難怪大家說不要跟作家當朋友！你看把人家的事情寫出來就算了，還故意不寫這把玉笛是楊貴妃偷的，好像是寧王送給她的、好像是兩個人有私情似的，而且還吹、吹、好尷尬……搞得唐玄宗大吃飛醋，一怒之下把楊貴妃趕出宮去了（後來捨不得還是叫回宮來，不過事情已經發生了）。

嫉妒的人為何愛喝醋？

嫉妒之心，人皆有之，那為什麼會把嫉妒叫做「吃醋」呢？

故事還是發生在唐朝，但要往前推演一下：唐太宗要幫自己的功臣房玄齡納妾（古代三妻四妾根本沒什麼！我們現在不以為然是另一回事），但是房玄齡的太太竟然堅決不同意，豈不知這也犯了「七出」裡面「善妒」這一條，是可以被休掉的。

何況這是「皇恩浩蕩」，竟然有人膽敢違抗皇帝，唐太宗雖然是個聖君、明君（其實這也是裝的，以後有機會再來揭穿他），也忍不住勃然大怒，賜了一壺毒酒給房夫人，意思說如果妳再不聽話那就去屎了吧！

沒想到房夫人性烈如火、抵死不從，拿起毒酒就一口喝下去——還好壺裡面不是真的毒酒，而是一壺醋，沒有真的鬧出人命。

房玄齡終究沒有納到妾（也只能在心裡暗幹，否則將來喝到毒酒的可能是他自己），「吃醋」這個詞也就流傳千古，被我們用到現在了。

那麼男女在一起，到底要不要吃醋呢？我的意見是：小醋偶爾吃一下，表示你在乎對方，增加一點生活情趣是可以的；但如果這個不准、那個疑心，把對方當賊一樣對待，那就是自信心不足，有礙雙方感情發展。

要知道：把一隻鳥緊抓在手裡，只會讓牠氣絕而死；反之，連籠子都沒有，牠可以自由自在的飛翔，卻終究會回到你的身邊，那你才真的擁有了牠。

這樣說有沒有很哲學？很有禪意？沒有哦？其實我也覺得沒有，就是一點普通的道理供大家參考參考。畢竟我「曾經」是兩性專家不是嗎？

冤家是怎麼從愛人變成仇敵的？

一對男女在一起，可能被人家稱為一對「小冤家」，可冤家不是仇敵的意思嗎？冤家路窄、冤家宜解不宜結……都是這個意思，怎麼會變成情侶了咧？

其實這是佛經裡的典故：「如今誑我，陷固於我，引我大眾與冤家。」（現在你騙我、陷害我，害我變成人民公敵），也就是被「黑」了啦！

古人讀佛經不好好參透佛理，反而覺得這個詞很好用，就開始用冤家來稱呼仇敵了。

既然是仇敵，至少要吵吵架（不打他就不錯了！），所以冤家也從名詞變成了動詞，有吵架的意思（你用臺語念念看）。

而除了仇敵會吵架，情人之間也會吵架，到了唐朝就有詩出現：

「門外猧兒吠，知是蕭郎至，剗襪下香階，冤家今夜醉。扶得入羅幃，不肯脫羅衣，醉則從他醉，還勝獨睡時。」

意思是：聽到外面狗叫了，我就知道蕭葛格來了，脫了襪子進屋，我這個冤家今晚喝醉了。好容易扶他上了床，他卻不肯脫衣服，XD就讓他去醉死好了，但總比我自己一個人睡覺好。

你看！有沒有很生動、很傳神？就是這樣由愛生恨、恨中又有愛，不知道該愛該恨，所以叫做冤家啦！

也所以女生最恨男生喝酒：平常不理我就算了，喝了酒回來百般挑逗，等老娘興沖沖梳洗完畢，穿上性感內衣，他已經呼呼大睡、不省人事了。

男人喝了酒「興趣提高，能力降低」，讓女人恨得牙癢癢的，這不是冤家，什麼是冤家？而且是「你這個天殺的冤家」！偏偏「不是冤家不聚頭」，無奈何，也只好繼續

「寃家」（臺語）下去了。

露個肚子居然能娶到老婆

嫁女兒最理想的是找一個「東床快婿」：這是說晉朝的王導，有三個兒子都不錯，有大人物想把女兒嫁到他們家，王導對媒人說：「你自己進去看尬意（臺語：喜歡）哪一個。」

媒人進了東廂（別跟我說你已經忘了《西廂記》！），看到兩個兒子都正襟危坐、神色端莊、如臨大敵，另一個叫王羲之（對，很會寫毛筆字那個）的，卻露著肚子半躺在床上，一點也No Bird Him（不鳥他）。媒人回去報告未來的丈人，丈人一聽，就說：「這個躺在東廂床上的好！真性情。」當下就決定把女兒嫁給王羲之。

這就是東床快婿的由來。但你覺得王羲之真的是真性情嗎？家裡來了客人，你好歹要服裝整齊、寒暄幾句吧？（寒是冷，暄是暖，就是打個招呼：今天天氣哈哈哈）結果卻露著肚子在床上吃東西，會不會太故意了、太「假仙」了？

這就叫做欲擒故縱，有時候你太急切的表達好感，對方反而不稀罕；你愛理不理的，反而激起對方的好奇心、征服感，非要到手不可，這時候再「打蛇隨棍上」，就成其好事啦！

像我碰到現在的（即時更正，永遠的）老婆時，也是一副愛理不理的樣子，她立馬對我發生興趣、瘋狂的愛上我——沒有啦！是我瘋狂的愛上她，她也「仁慈」的接受我，簡直像在做資源回收一樣。

若非高富帥最好學樂器？

如果不喜歡「唯真不破」的東床快婿，那就找一個乘龍快婿吧！

秦穆公的女兒叫弄玉，喜歡吹簫，愛上了也喜歡吹簫的蕭史（西廂的牆擋得住人、擋不了簫聲，這個厲害吧！），兩個人就住在秦穆公幫他們建的鳳臺上（富爸爸還是很好用的！）一起吹簫。有一天來了一對龍鳳（其實說龍鳳配有點誤會，龍跟鳳都是公的，母的叫凰，應該是鳳凰配，不過同婚都合法了，我們也不用太計較），於是蕭史乘龍、弄玉乘鳳，小兩口就這樣飛走了！

秦穆公嚇出一身冷汗：原來我女兒是仙，我女婿也是仙，還好沒得罪他們——好啦，這一段是我瞎掰的，反正以後就把才貌雙全，最理想的女婿叫做乘龍快婿了。

那麼乘龍快婿的「產量」多不多呢？既然是仙，「人間哪得幾回見？」當然是比瀕危動物還要稀少，如果你的老公不如理想，那是正常的。

倒是樂器，不一定吹簫啦，但男孩子最好學一下，對追求女生很有幫助，像我們學生時代（對，明末清初）很多男生學吉他，一首〈禁忌的遊戲〉流利的彈奏出來，女生看你的眼光就完全不一樣了。

再不然會吹口琴也不錯，如果能用口琴吹古典樂就更迷人（真的有！），但不要發神經去學什麼琵琶，看起來雖然只像是把吉他立起來，但是困難得要命，就算學上一整年，不要說〈十面埋伏〉了，連一面你也埋不上——那這個想學琵琶把妹的神經病是誰呀？當然就我本人啊，「英雄不怕出身低」不是嗎（這一句好像用錯了）？

一般男生都以為要穿名牌、要獻殷勤、要耍幽默才能吸引女生，錯！現在為師就把打動女性的「江湖三點訣」告訴你（要不是我已經退隱山林，還捨不得交出這個武功祕笈呢！）：一是做菜、二是哄小孩、三是演奏樂器，這三招無往不利，一定會讓一般女生動心，然後她……就還是選擇了高富帥的男生。

就像網路上流傳的這個故事：三個男生同時向一位女生求婚。

第一個男生說：「我環遊世界，去過一百個國家。」

第二個男生說：「我登遍了全臺灣的百岳。」

第三個男生繞著那個女生走了一圈，說：「妳就是我的全世界。」

女生大為感動，決定——嫁給第一個最有錢的男生。

唉，世界就是這樣，嘜怨嘆、愛認命，按呢卡好過啦（臺語）！

而最理想的相愛方式，當然是一見鍾情。

但是一見鍾情到底可能嗎？只看一個人一眼、就可能愛上TA嗎？這根本就是網路詐騙嘛！不過科學上說這的確是有可能的，所以有一位大作家被人問：「你為什麼那麼快跟這個女人結婚？」他回答：「因為一見鍾情！」接著他又被問：「那為什麼又那麼快跟她離婚？」他不慌不忙的回答：「因為看了第二眼。」

可見得一見鍾情對一般人是可遇不可求的，而且好像也不太可靠，那我們就退而求其次，來個「露水姻緣」吧！

ONS的露水姻緣

為什麼用露水來形容姻緣呢？大家都知道露水是很短暫的，稍縱即逝，就好像我們（不是我們啦！應該是你們，說你們也不太好，那就他們好了），就好像他們在網路上約炮，兩個人見面，「一人出一項」（臺語），完事就走人，沒啥好依戀，跟露水一樣短暫，而且也沒什麼可回憶的（應該沒有人對一顆露水念念不忘吧？），這就是標準的露水姻緣。

白居易有一首詩：「花非花，霧非霧，夜半來，天明去，來如春夢不多時，去似朝雲無覓處。」（還可以用唱的哦！）聽起來很美、很浪漫吧？講的是什麼呢？就是召妓呀！不然還有誰「夜半來，天明去」呢？難道是女鬼嗎？

不過古代男女關係比較保守，估計不是約炮，應該是援交的可能性比較大。總之不是正常的男女關係，一概都被叫做露水姻緣。

你不是魚，怎知魚不快樂？

那麼正常的男女關係又叫做什麼呢？那就是「魚水之歡」。大家都知道魚一定要活在水裡，魚在水裡一定很自在、很開心，所以魚和水是正常的快樂關係，就不像露水一樣被看輕、被忽視，夫妻之間肉體上的快樂就叫做魚水之歡。

不過作為雪霸國家公園的生態講師，我還是忍不住要告訴大家：魚在交配的時候，身體是沒有互相接觸的，是母魚排卵出來、公魚射精在卵上面，這些受精卵就到處漂流，幸運的就長成小魚——公魚和母魚很可憐，應該是根本就沒有「爽」到，難怪不能叫魚魚之歡，只能叫魚水之歡。不曉得古人到底知不知道這個現象，但是至少他們的用詞是正確的。

如果要講得更好聽一點，還可以說是「周公之禮」。因為最早的人類沒有文明，周公制禮做樂，連夫妻做這件事情也有規定，既然夫妻之間相敬如賓，自然也要行禮如儀，何況是為了傳宗接代，多多做這件事情也是應該的。

因為在床上是最親密的時候，很多悄悄話也是在「床第之間」說的——錯了錯了！

很多人都錯了，是床笫（音紫）而不是「床第」。

床笫是指竹子編的床席，後來就用來指床，《左傳》裡面說：「床笫之言不逾閾」，閾（音預）是門檻的意思，意思就是說夫妻之間的悄悄話不可以越過門戶傳到外面去，看來古人也是很注重隱私的。

某些官員被人家批評「夫人干政」，為了表示清白，就說自己的太太從來沒有到政府機關去過，豈不知夫人干政，例如違法關說、任用親戚、圖利家人……哪個不是在床笫之間用悄悄話完成的，根本用不著夫人親自出馬吧？

如果我們說客氣話，就會把「你們夫妻」稱做「賢伉儷」，不過可不是兩個人結了婚就可以叫做伉儷的。伉的意思是匹敵、相當，也就是配得上的意思；儷則是配偶。兩個人要門當戶對、互相匹配得上，才能夠叫做伉儷。

如果是小老婆（妾）或是情婦（小三），或者夫妻兩個人的身分地位差太多，那是沒有資格叫做伉儷的。不過反正是客氣話，誰也不會那麼認真，叫賢（鹹）伉儷也好、叫甜伉儷也好（好冷喔～），都ＯＫ啦！

如果做丈夫的地位比較低，或是個性比較軟弱，就可能被迫加入ＰＴＴ（怕太太）

俱樂部，他最怕聽到的聲音，應該就是「河東獅吼」。

這個典故是蘇東坡寫給他好友陳季常的詩：「忽聞河東獅子吼，拄杖落手心茫然」，因為文人都愛交朋友，交朋友就要喝酒，喝酒就要召——倒不一定是為了露水姻緣，而是因為古代的女人大多沒有讀書，所以男人跟老婆沒話說，跟受過詩詞歌賦教育的妓女反而有話說；而且文人所做的詩詞，很多也是靠歌樓舞榭的這些妓女傳唱，才會成為那個時代的「流行歌曲」。

所以，那時候有些妓女確實是「賣藝不賣身」的，跟日本的藝妓有些相像；而現在的酒店小姐也還有「賣藝」的，但大多只限於唱歌、跳舞、玩遊戲這種「大眾藝」了。

這個陳季常不但喜歡召妓，還養了小妾，他整夜不睡覺跟朋友喝酒打屁，老婆不耐煩了，像一頭母獅子一樣大吼一聲，可憐的陳季常一個「激靈瞬」（臺語：男生小便後常有的身體反應），連手裡拿著拐杖都嚇掉了，心中一片茫然，可見得他是多麼的「懼內」（怕老婆），所以後來

《延伸教學》：為什麼Ice Cream會叫做冰淇淋呢？其實原來是叫做冰激靈（民國早期的書上還可以看到），就是吃了之後因為太冰了，會起一個「激靈」（突然顫抖），後來傳著傳著，就「走音」變成冰淇淋了。就好像圓珠筆（Ball Pen）後來被講成了原子筆一樣。

的人也把PTT的毛病說成是有「季常癖」。

紅杏送的綠帽

老婆兇悍還不是最慘的，最慘的是老婆紅杏出牆，給你「戴綠帽」。

為什麼叫戴綠帽呢？前面說過了，再複習一下：古代最尊貴的顏色是朱色（你看日本的神社，塗的就是這種朱色），最低賤的顏色是綠色。早在春秋戰國時期，男人如果淪落到讓自己的妻子去賣春來維生，會被稱為「娼夫」，必須戴上綠色的頭巾，來表明自己低賤的身分。

到了元明兩代，娼妓的丈夫要戴頭巾已經成為固定的規矩。因為頭是綠色的，跟烏龜很像，所以又被叫做「龜公」，而烏龜又名王八，所以罵人「王八蛋」（罵人的話最好學，你應該還沒忘記吧？）就是罵對方的媽媽偷情而生了他這個私生子，這是很嚴重的侮辱，大家沒事千萬不要亂用，呃，有事最好也不要用，以免招來殺身之禍。

龜公要戴上綠頭巾，妓女戶則要點上綠燈，叫做「綠燈戶」——剛好跟荷蘭相反，他們合法的妓女戶叫做紅燈戶，可見得中西文化真的有很大的差異。

因為戴綠帽的人，都是確定老婆被人家「睡」的人，所以後來就把妻子有外遇的男人，叫做「戴綠頭巾」或「戴綠帽子」，對古代男人來說，「奪妻之恨」僅次於「殺父之仇」，是最忍無可忍的——卻又容許自己三妻四妾，這也是很矛盾、很不公平的。

白頭偕老其實是兄弟情？

當然如果感情很好，夫妻兩個能夠一輩子在一起，確實是很難得的事。所以我們現在去參加婚禮，不一定祝人家「早生貴子」（如今的頂客族可多了！），卻可能祝對方「白頭偕老」（三對結婚就有一對離婚，這樣說好像也滿冒險的），而這個話是由詩經「死生契闊，與子成說，執子之手，與子偕老」而來的。

契就是契合，表示離得很近；闊是寬闊，表示離得很遠。死生契闊就是說這一輩子不管生死離合，都要和你許下永遠的諾言（與子成說），總之我要牽著你的手，和你一起老去、永不分開……

這應該是最動人的情詩了吧？

抱歉吶，這首詩出於《詩經．邶風》的〈擊鼓〉篇，是描寫戰士們在上戰場前立下誓約、「同生共死」，詩裡面的「子」在周朝是代表男子或是有地位的人，不是代表女子耶，所以這也不是一首情詩耶，真拍謝（臺語）！

你說怎麼這樣？苦苓你最會破壞氣氛啦！其實前面我們講過，古代文人的太太大多是不識字的，沒有人會寫情詩給老婆，反而是給同性的朋友會寫得真情流露，例如白居易的〈與元微之書〉，說自己和元稹「如膠似漆」，還說「微之微之，此夕此心，君知之乎？」聽起來是不是會起雞皮疙瘩？

那你再看屈原的「楚辭」，他寫自己和楚懷王的感情，簡直就像君臣兩個人在談戀愛一樣，自己一副被拋棄的口吻——不過這是古人慣用的情感表達方式，你也不一定要把它想做是「基情」，沒那麼嚴重啦！

瞎密！這兩個我們都說過了？沒想到有人還記得，這不是老師混時間、占篇幅，這叫做「複習」懂不懂？孔子不是說了嗎？「學而時習之，不亦樂乎？」

而就算不能白頭偕老，假如兩個人能夠互相容忍，一起活到七老八十，現在結婚五十年叫做金婚，古代老夫老妻可以叫做「耄耋情深」，前面兩個字念做「冒蝶」，所以也有文人取其諧音，畫一隻貓和一隻蝴蝶來送給人家。千萬不要以為是要老婆像貓那樣盯得緊緊的，而老公卻像蝴蝶般在花叢中翩翩起舞；其實只是恭喜對方終於熬過了漫長的婚姻歲月，就好像一輩子三餐都吃同一種菜，真的不容易呀！

那你又要說了，這兩個字現在幾乎沒有人認得，也沒有人這樣講了，苦苓你為什麼「哪壺不開提哪壺」呢？還不就是為了賣弄學問嗎？沒錯呀！學國文就是為了賣弄學問的，不然還有什麼用呢？你說、你說啊！

第三章　志向

做人好難，做個有用的古人更難

10 考試篇

科舉制度提供了無窮的希望，每個人都乖乖讀書，不會心存不滿、胡思亂想，更不會對經書的內容提出疑問……不知不覺，每個人都變成「乖乖牌」了！

很多年前我編過一本暢銷書叫做《考試過一生》，書中說明了絕大多數臺灣年輕人，不、不、不只臺灣，還包括中國（你看，就跟你說中國是臺灣的一部分了），甚至日本、韓國、香港、新加坡，幾乎每個孩子都為了升學考試，而葬送了自己的青春，真是令人不勝唏噓。

其實我中華文化淵遠流長博大精深無遠弗屆歷五千年而不衰自有其顛撲不破之真理（有沒有像在念經？），中國的考試制度由來已久，從水槽，噢不，是從隋朝就已經開始了。

擺脫靠爸從考試開始

因為政府總是要用人的，但要去哪裡找人來做公務員（以前叫做官員，聽起來比較威）呢？那麼就由大家來推薦，例如漢朝的「舉孝廉」什麼的，就是地方有力人士說你又孝順又廉潔（也不知道官都還沒做是要怎樣廉潔？），就可以推薦你到中央去做官了。

後來魏晉又有「九品中正」，把官員分成九品，看起來好像很嚴謹，基本上還是用推薦的，而且以門閥、世家的子弟為主（也就是會推薦連勝文或郝龍斌，但絕對不會鳥你），整個還是在保障有權有勢的人就對了。

這種搞法很容易形成託關係、拉裙帶、走後門，或者自己人把持壟斷……這當然不合理，也不斷引起民間的反彈，最後決定還是大家都憑真本事來用考試（考試者，考核測試也）的，比較公平，也比較不會老是有人GGYY。

那要考什麼呢？以唐朝來說，只考明經和進士兩科，前者考經義，後者考詩賦；前者可能要靠苦讀，後者就要一些天分了。

由這兩「科」的成績來推「舉」人才，中國的「科舉」制度就這樣轟轟烈烈的形成了。

從基層變高層的科舉制

科舉有什麼好處呢？第一個是階級流動——這樣說好像在賣弄學問吼？就是說本來社會比較基層的人例如農夫，是一輩子，不，三輩子都不可能作官的；而所謂「升官發財」，同樣的，廣大農民也就都不可能發財了——「鋤禾日當午，汗滴禾下土」，是要怎樣賺大錢你說你說啊。

但有了科舉就不一樣了：一個人只要從小努力讀書，不斷參加考試，考得夠好就可能有官做，「一人得道，雞犬升天」，全家都可能由基層變成高層，嘔砍砍！這不就是希望無窮、改變命運了嗎？

所以古代中國的農人，講究「耕讀傳家」，你去看臺灣一些古老的房子，門上還會貼著「晴耕」、「雨讀」的春聯。總之種田的以及一般行業的人（也就是現在流行說的庶民啦），終於能靠小孩參加科舉來「翻身」，這就讓大家覺得雖然「現在不行」，但是「總有一天」……科舉制度果然提供了無窮的希望。

而且大家既然有這個希望，就每個人都乖乖讀書，不會心存不滿、胡思亂想，更不會對經書的內容提出疑問（要把它背熟都來不及了）……不知不覺，每個人都變成「乖乖牌」了，難怪唐太宗看到學生排隊考試，會跟大臣說：「天下英雄，盡入我彀中矣！」

搞了半天，原來科舉不只是為國舉才，還可以收服人心、安定局面，難怪一實施就是兩三千年，直到今天我們還深受其害。

你別說我是「貓哭耗子假慈悲」，其實到現在我還會做一種夢，就是夢見自己在考試，對著題目寫不出來——你看看！考試讓我幼小的心靈受到多大的傷害，可說是歷五十年而不衰。

補習班的起源：私塾、書院

可是農家本來沒有人讀書，甚至可能不識字，現在要怎麼教小孩子讀書呢？有錢一點的就設「私塾」，請一位念過書、考過試的秀才先生來教自己和親友的小孩讀書。

試想這位秀才，如果真的很厲害，早就考上舉人、進士，自己去做官了，顯然學問不怎麼樣。不過「沒魚蝦也好」，只能請得到這種Class的老師，給的待遇當然也不會太高，所以自古以來才會把教書先生叫做「窮秀才」。

比較好的狀況，就是由地方士紳，大家集資來辦「書院」，那就比較類似現在的學校，有教室、有課程表，也可以請到較多、較好的老師（例如考試成功做了官又退休回鄉的），而且只要是鄉里子弟都可以來念，大家就更有機會了。

現在臺灣還有很多書院，被當作古蹟保存下來，有空不妨去看看，古代的學生是怎樣讀書、怎樣考試的；拜託，比現在「悲慘」多了！「懸梁刺骨」聽過嗎？根本是在自虐呀！考試的時候一關好幾天，只能睡在木板上，還要自己搞三餐吃……簡直就像是讀書人的「集中營」！

例如高雄的鳳儀書院（又老又窮的高雄竟然有優點可以向大家說，我感動得快哭了），裡面有書院的老師學生上課，以及官員威風出巡的Q版塑像，生動有趣，也有闈（考）場內設施和規則的介紹，大家一看就明白了。

舉一個例子：考場內沒有廁所，忍不住要上的考生多湊幾個，向考官提出申請，就會有工作人員舉著「出恭」、「入敬」的牌子，帶著隊伍恭恭敬敬（主要是低調、安靜）的出入，免得影響其他考生專心作答。現在我們把上大號叫做「出恭」，就是這麼來的。

狀元跟投名狀一點關係也沒有

大家都知道：考第一名的叫做狀元，但狀元是什麼意思呢？就是考生去考試時，要先交出自己的出身履歷，那叫「投狀」（和電影《投名狀》不太一樣，請勿參考）。考試之後官員要把投狀和成績單呈給皇帝，考第一名的當然放在最上面，叫做「狀頭」，「元」也是頭的意思（例如元首），所以後來就都叫做狀元了。

第二三名的，分別放在狀元的兩邊，就好像他的兩個眼睛一樣，所以叫做「榜眼」。那「探花」又是怎麼來的呢？那是大家考上之後，要湊錢舉行慶祝活動，要遊覽名園、探採名花，最後大擺「探花宴」狠吃一番——因為是「公呷公開」（臺語），當然是盡量把自己出的那一部分吃回來，甚至不惜吃到吐（有那樣噁心嗎？）。

後來不知怎麼的，就把「榜眼」專指第二名，第三名就叫「探花」了。

駙馬好威風？不過就是個墊背的！

大家在戲劇裡常看到的，狀元被皇帝看上，選他當某個公主的丈夫，也就是「駙馬爺」，可以說是榮華富貴俱足，不枉多年苦讀。

歷史上最有名的駙馬爺當然就是陳世美先生，為了娶到公主，硬生生丟下自己的老婆不管，後來被包青天主持正義，砍了他的頭，真是大快人心！

所以我們現在把一些民選的這個官沒做完，又急著去選另外那個官的人叫做「政治陳世美」，也算是相當傳神的啦！

其實當駙馬沒有什麼好羨慕的：雖然基本生活沒問題，但不見得會派官給你做；而你的公主老婆是金枝玉葉，你既不敢罵她更不敢打她，通常是被她騎在頭上，有時候還給你戴綠帽，你也是敢怒不敢言，十分的窩囊。

而且說穿了，什麼叫駙馬？那就是皇帝出巡的時候坐馬車，為了怕有人刺殺，所以一次都出來好幾輛一樣的馬車，讓刺客不知道皇帝坐在哪一輛。那這些沒有皇帝坐的馬車由誰來坐呢？王子公主都是自己的血脈，當然不能冒被刺殺的危險，所以最好的人選就是反正沒什麼事好幹的、公主的丈夫囉！——好在他也不是自己人，死不足惜，公主頂多再嫁就是了。

嚯砍砍（你看看的誇張發音，前面教過了）！這該有多慘？所以皇帝坐的那一輛叫「正馬」，倒楣鬼坐的那幾輛就叫「副馬」——這就是「駙馬」的由來，相信你一定不會羨慕的。

考場內的潛規則

在唐朝剛開始實行科舉，制度沒有很嚴密，例如考卷上的考生姓名是沒有密封的，主考官會知道這是誰的文章——於是漏洞就來了！考試之前，有辦法的考生就會到處找人請託、關說，像有名的王維，據說就是去會見一位公主，公主對他滿「尬意」（臺語）的，他後來也如願考上了，最後甚至還當了宰相，退休後修建了輞川八景（個人專屬的風景遊樂區耶！）……一切的成功都由跟公主見面那一刻開始，不知道這算不算中國最早的「潛規則」？

還有一位張九齡，寫了一首很有名的詩：「洞房昨夜停紅燭，待曉堂前拜舅姑，妝罷低聲問夫婿，畫眉深淺入時無？」

你以為這是一首描寫新娘子心情的詩嗎？哦NoNo，那是他用這首詩做隱喻，在問他的主考官「我考得怎麼樣？」——唉，浪漫的情懷總是會被殘酷的現實所破壞，真是叫人無奈呀（你有覺得我這句話不太真心嗎？我也覺得）！

宋朝以後考卷就會密封，讓考生沒辦法靠關係被錄取，算是有比較進步了，也比較公平，大家考輸了也比較心甘情願。

這種制度也會害到人：歐陽修主持考試，看到一篇文章寫得超讚的，猜想一定是自己的學生曾鞏寫的，但又怕把自己學生評為第一名，會被人家批評有私心，於是心想「吾當避此人出一頭地」，就硬把這位評了第二名——靠！結果一揭曉，這篇不是曾鞏，而是蘇東坡寫的！——好好的一個狀元就這樣沒了，你說蘇東坡是不是Very衰？

但是你以為只考一次，「一考定終身」（這是我編的另外一本書，當然也是很暢銷）就夠了嗎？

沒有咧，像明朝就分成鄉試、會試和殿試三級，鄉試第一名的叫解元，會試第一名的叫會元，殿試第一名的叫狀元，如果你是連考三個第一名的學霸，那就叫做「連中三元」，就連走路都會有風了啦！

而狀元要接受皇上的錄取名單，也就是榜單（所以後來叫「放榜」），是站在皇宮裡刻有鰲魚形狀的雕刻上，所以叫做「獨占鰲頭」。

至於殿試顧名思義，是在宮殿上考的，由皇帝本人親自來監考，考生初見龍顏，應該會「皮皮剉」（臺語）吧！更不可能有人想作弊——如果被逮到，一定是當場就「拖出去斬了！」誰敢啊？

考久了，人也八股了起來

不過任何制度實施久了總會有弊端（所以叫做「積弊」），科舉到了明末清初，就流行起八股文來了。

八股文講起來很複雜，我舉個簡單的例子：例如寫文章要起承轉合，你碰到一個題目好比說「誠實」，你就用四個W來寫：一、什麼是誠實，二、人為什麼要誠實，三、如果不誠實會怎樣，四、要怎麼做才能誠實，中間用一些成語，再加上「孔子說」、「國父說」、「莎士比亞說」……如果不知道是誰說的，就寫「古人說」，連古人說都不像的就寫「有人說」——套一個有學問的說法，這叫「引用權威」，總之比你自己瞎說的有說服力。

看到這裡，你的反應可能是：用這樣制式、死板的方式寫文章，不會太八股了嗎？——對！這就是八股的意思，寫文章已經沒有任何創意，嚴格依照體例，完全照本宣科就是了。

那也沒辦法，例如考試題目是「維民所止」，你就要先從四書五經裡面想出這句話是出自哪裡、前後文是什麼、整篇大意又是什麼……然後才有辦法「八股」。如果連這句話的出處都想不出來，那你也可以收拾筆墨，早早回家去吃自己了。

這種考試可是「硬碰硬」，沒辦法心存僥倖了吧？不過順帶說一句，這個主考官用的只是《大學》（不是臺灣大學的大學，是《論語》、《孟子》、《中庸》、《大學》的《大學》）的句子，可惜他的政治警覺太差，考試一結束，他就被砍頭附送抄家滅族了，有夠慘的。

什麼？「有這麼嚴重嗎？」（請模仿阿扁的口吻）有耶！當時是雍正當皇帝，「維」是「雍」的下半部，「止」是「正」字少了上面，你出這個題目，不是擺明了要把皇帝「砍頭」嗎？殺！誅九族！

這就是清朝有名的文字獄，你覺得這個主考官很冤枉？還有人更冤枉的：他只是看到風把書本吹翻過了一頁，隨口吟詩：「清風不識字，何必亂翻書？」——這不是擺明了說我們清朝官員都不讀書、都是草包嗎？我們又沒有說不丹在阿爾卑斯山。可惡！

殺！誅九族！

做小抄也能達到學習功效？

既然考試不像唐朝那樣，是自己陳述對國家政策的看法（明經科），也不是發揮才華填詞賦詩（進士科），只要把書背熟了，再照固定的方法來寫就好，於是這就有了作弊的空間——小抄。

小抄不是大抄，就像小鈔不比大鈔（很冷吼？），小抄真的很小！在被抓到作弊考生的衣帶上，我們可以看到：密密麻麻寫滿了蠅頭小字（毛筆字能寫到比蒼蠅頭還小，這個厲害了我的祖國），內容都是四書五經的精華概要，這等於帶著一本參考書去參加學測，當然可以「勝券在握」，但是要做這種小抄當然不容易，所以還是那句老話（大家一起講）：「術業有專攻」。

其實我念書時，有一次考試準備不周，一時鬼迷心竅也起了作弊的念頭：把課文內容一字不漏的抄在比考卷稍微小一點的白紙上（這樣才能用考卷遮住，不然我又沒有衣帶，難道要抄在皮帶上？）

抄了大半夜，把我累得七葷八素，正要收拾小抄，卻發現我好像在抄寫課文的時候順便背起來了，那還幹嘛作弊？到時候堂而皇之的去應考就好了。

很可惜，錯過了一生唯一一次作弊的機會（這樣說好嗎？），當然也就錯過了被逮到、被記過甚至退學的命運，是不是有點可惜呀？呃，我是說，這或許是老天爺（也可以叫佛祖、上帝或阿拉）對我人生的一次測試吧？我Pass了，吔！

11 孔子篇

這樣一個魯蛇，怎麼會變成偉人，還千秋萬世被大家崇拜呢？

要上國文課，不能不講到孔子。講到孔子，大家都知道他是至聖先師，聽到名字就肅然起敬，想必是一個很偉大的人，但是到底怎麼偉大，就不太清楚了，一般人也沒什麼興趣。

但是算你運氣不好，落在我手裡，不得不聽——沒有啦！其實你隨時可以翻臉，不，翻書離開，算我求求你，認識一下孔子很有趣的。

孔子又醜又機車？

其實孔子這個人，第一個特色就是長得很醜，而且不是普通的醜，你看看左邊這張圖就知道，這不是醜化聖人，是根據歷史描述的寫實畫像哦！

明明那麼醜還有七十二弟子追隨他，還變成那麼偉大的人，一定有他的過人之處。

第二個特色，就是這個人非常的無聊，或者說是太古板了吧！光是一個吃飯，他就「不撤薑食」，一餐沒有薑就不吃飯，這個還好應付，但是他還「割不正不食」，肉切得不正就不吃，難道要叫他老婆切肉的時候一片片用尺來量嗎？很難搞耶！

當他的老婆實在很倒楣，老公錢又賺得不多，常常只是拿一些束脩（也就是肉乾）回家，又帶著一群人一天到晚出門找官做，偏偏也做得不太成功，回到家還敢對老婆東要求西要求，真的很不識相。

宋・馬遠繪《孔子像》（現藏北京故宮博物院）

當他的兒子也沒有多好過，每天被逼著讀書，偶爾想溜出去玩，在庭院裡被孔子逮到了，就問這個書讀了沒、那個書讀了沒，如果沒讀就被訓說連做人的資格都沒有，還玩什麼玩？回去讀書！

史上第一個開補習班的

而他的弟子也很辛苦，因為孔子雖然是中國歷史上第一個開補習班（說好聽一點，叫做私人辦學）的，卻沒有準備教材，甚至好像也沒有教室，只是跟弟子們東一句西一句的閒聊，這樣是要怎麼學到東西？

難怪你後來看到的《論語》裡面，也是這裡講一句仁，那裡講一句孝，沒有什麼章法，也沒有什麼分類，更沒有什麼編排，說好聽是隨心所欲，說不好聽的話簡直就是夢囈。

而且孔子還不喜歡學生有意見，跟他唱反調的子路、宰予都被他教訓過（「朽木不可雕也」就是這樣來的），只有那個看起來傻傻的顏回，對他從來沒有意見（不違如愚），所以孔子選他做模範生，當然大家都不服氣。

除了開過補習班基本上一事無成

孔子雖然只會講話教學生，卻自以為很會做官，帶著弟子們巡迴各國去找官做，國王們並不知道他有什麼通天本事，而拚命送錢送禮拉關係拉裙帶想做官的人一大堆，所以一直沒有人找孔子做官。

後來好不容易，魯國國君給了他一個司寇的官做，他好像做得不錯，達到了「路不拾遺，夜不閉戶」（路上東西掉了也沒人撿，晚上睡覺不用關門）的境界。當然也可能是魯國的人民太窮了，路上沒東西撿，家裡也沒得偷——哈哈！我這樣說會不會對至聖先師太不恭敬了？反正我這輩子也沒有對誰恭敬過。

但是這個官並沒有做得太久，不知道是國君沒眼光，還是孔子陳義過高、陽春白雪，總之他這輩子再也沒有得到實踐理想的機會。說起來是滿慘的：帶著一大群人，都是不事生產的書生，不管吃住交通，長期下來都是一筆很大的開銷，所以也曾經落得「在陳蔡絕糧」，甚至還曾經叫子路去偷過人家田裡的西瓜，這種種辛苦，真是「不足為外人道也」——當然對內人也不敢說，她可還在家裡一心等著當官夫人呢！

所以凡事還是Money Talk，要不是孔子幸好有個很會賺錢的弟子叫子貢，不時接濟一下這群「流浪師生」，說不定他們早就餓死在半路上了。

魯蛇言論後人捧讀？

最後孔子並沒有留下任何具體的成就，甚至也沒有留下任何著作（他自稱述而不作，就是只當編輯、不當作者），就這樣一事無成、有志難伸的死了，只留下了一本弟子們記錄下來的「孔語錄」，也就是《論語》這本書。

這樣一個魯蛇，怎麼會變成偉人、還千秋萬世被大家崇拜呢？古代人還要熟讀《論語》，才有機會去考試做官，所謂「半部論語治天下」，有沒有搞錯？會不會太誇張？

《論語》裡面雖然都是片言隻字，而且是在兩千五百年前講的話，但是有很多在今天看來，還是非常有道理的，甚至是顛撲不破的真理。

天啊！時代經過多大的變化，以前的人用竹簡一個字一個字刻書，我們現在用電腦飛快的打字（甚至用念的更快）；以前的人要飛鴿傳書、鴻雁寄情，我們現在可以在全球任一個角落Line來Line去……世界有多大的變化！人類有多大的不同！怎麼可能在那麼古老時代說的話，今天我們還聽得下去、還覺得有道理、還可以運用在人生？傑克，那不是太神奇了嗎？

那我就隨便舉一個例子吧！現在大家對父母盡孝的方式，多半是以拿多少錢回家為準，父母也會以這個數目來向親戚朋友炫耀，但是你多久才回家一次呢？多久才打電話給爸媽一次呢？爸媽最想看到的是你的臉、最想聽到的是你的聲音，而不是一張張冷冰冰的鈔票吧（當然，有錢還是比沒錢好一點）！

孔子在兩千五百年前就說了：「今之孝者，皆謂能養，至於犬馬，皆能有養，曾是以為孝乎？」

意思就是說：現在講孝順的人，都說是自己能夠奉養父母，但是就算家裡的狗或是馬，我們也都能養牠，那難道就叫做孝順嗎？——厲害了我的孔子！一語中的、一針見血，一下子就刺中了你的玻璃心！

為什麼一種感情、一種道理，會經過那麼久的時間都沒有變呢？又是誰有那樣的智慧把它們說出來，而且流傳千古呢？

這就是孔子了不起的地方，也就是《論語》了不起的地方，這個「最古老卻最實用的大學問」，如果你能把他的思想精華，轉化成你的一部分，鐵定讓你「功力」大增，不管在家庭、在學校、在公司、在社會都能充分發揮出來，就是會比別人厲害一點。

具備了跟孔子學到的智慧，你就能夠融會貫通、游刃有餘，發現做人原來這麼輕鬆愉快，人生又是這麼的有意義，老實說，你這下真的是賺到了！

12 君子篇

很斯文、有禮貌、風度很好就是君子？哦NoNoNo，你完全弄錯了！做君子的標準可是相當高的……

孔子最喜歡說君子和小人，直到今天，我們也常常稱讚一個人是君子，或者罵一個人是小人。但是到底什麼叫做君子呢？很善良的嗎？很正直的嗎？很有風度的嗎？都不完全對耶！那只能說是好人，還不能叫做君子。我們做君子的標準可是相當高的，尤其現在社會小人當道，被稱為君子的可不多。

君子條件一：有禮貌的做自己

那麼孔子認為什麼樣的人叫做君子呢？他說：「文質彬彬，然後君子。」我們一般人都以為文質彬彬就是很斯文、有禮貌、風度很好的樣子，哦NoNoNo，你完全弄錯了！

因為不管斯文禮貌風度，都是可以刻意表現出來的，或者說「假仙」出來的，類似西方說的Gentelman，但只這樣還是「不夠君子」。

其實文就是紋，紋路、花紋，都是用來修飾的，所以文也就是一個人跟別人相處的時候，所表現出來的禮貌和修養，很多時候也呈現在他的文采上，例如文學藝術的涵養，這是君子所必備的條件之一。

而質是本質、實質，是這個世界本來的樣子，不是後來刻意安排成的樣子，因此一個人如果保持自己的本性，維持自己的本質，不做作、不虛偽，也就是所謂的赤子之心（你早就沒有了吼？我也是），那就是這裡所說的質。

這個文和質，看起來是互相矛盾的，譬如說我們看到一個討厭的同事，到底要裝模作樣的跟他親熱打招呼，還是毫不客氣的瞪他一眼就走開呢？

都不對！前者太「文」、後者太「質」，都不是做人該有的態度，也不是孔子所認同的君子。

假仙與白目，加起來除以二

所以孔子也說：「質勝文則野，文勝質則史」，也就是說一個人的本性如果過於率真坦直，絲毫不加修飾，那就會給人很粗野、很野蠻的感覺。就像《我的野蠻女友》的女主角，除了對她男朋友這個被虐狂，她對別人一定不敢也這麼不講理，否則一定會成為眾矢之的、人民公敵。

但是一個人如果又太收斂自己的本性，裝模作樣的討人喜歡，甚至跟著人家附庸風雅（例如舉著酒杯說「哦，這杯酒有泥炭味、木桶味，還有淡淡的果香味」），那又會變成什麼樣子呢？

「史」泛指做官的人，他們什麼事都有一套規矩、一套禮節，不但繁雜，又很「假仙」，讓人感覺不真誠（你不覺得世界上最假的，就是政府官員所講的話嗎？什麼「苦民所苦」、什麼「是我心中最柔軟的一塊」），所以你如果太文了，就會被覺得不「真」了。

那麼這樣一來，豈不是進退兩難、不知道該如何是好嗎？所以孔子說要文質彬彬，「彬」就是一半一半的意思，所以文跟質都要各占百分之五十，既有文采，又重實質，這樣適當的配合，才稱得上是一個真正的君子。

可見得一個人不能太注重細節、太講究修養而失去了自己真實、樸直的本性。但也不能太盡情揮灑自己的真性情、為所欲為，絲毫不顧及別人的感受。以上這兩種狀況，都會讓你失去角逐「君子候選人」的資格。

既然如此，一個君子應該拿討厭的同事怎麼辦呢？看到他還是要禮貌的打聲招呼，不用特別給他臭臉看，保持適當的距離和關係就好了。但在心裡面我們很清楚：他是一個什麼樣的角色，原則上我們既不會對他惡言相向，也不會跟他拉幫結黨，只要堅守自己該有的原則就好了。

像這樣，該有的「文」我們也做到了，該有的「質」我們也堅持保住，用這樣的君子原則到社會上去「走跳」，不管到哪裡應該都會暢行無阻的。

那你覺得自己夠資格做個君子嗎？還是個正在動腦筋想巴結或者陷害同事的小人呢？那就不關孔子他老人家、也不關我的事了。你自己看著辦吧！

君子條件二：君子不能當花瓶

好，現在來驗收一下：我們知道了「文質彬彬」的人才有可能是君子，但就這麼簡單嗎？那只是最基本的條件而已，相信孔子也不會那麼隨便的就把君子這個封號到處「大放送」，應該還有其他不少要求才對——別忘了，君子現在已經是「瀕臨絕種動物」了。

沒錯，孔子還說了：「君子不器」，這個器就是器具的器，沒有第二種意思。但是不管什麼器具都有它的功能，都是可以用的，為什麼要說君子不器呢？難道君子就不能有用處，只能在旁邊放著不用嗎？那君子不就變成了花瓶，不，花瓶還可以放好看的（請想像志玲姐姐嗲嗲的說：當花瓶也很好呀），難道君子連花瓶也不是嗎？

器具當然是有用的，但它多半只有一種功能，通常如果有兩種功能我們就會大加吹噓（例如防水兼透氣，又例如洗衣兼烘乾），而君子不器的意思，就是認為一個人不能像器具一樣，只有單一種功能。

所以我們讀書的時候，要學習各種科目；工作的時候，要研習各種技能；就連休閒娛樂，也不會只限於單一項目——因為如果不是這樣子，就算你某一方面很厲害，也只有單單這個部分而已，對自己的幫助不會很大，對別人的貢獻也很有限，更可能阻礙了未來往多方面發展的可能。

即使是交朋友，你也希望對方是閱歷豐富、見聞廣博，可以提供很多「不一樣的東西」的吧？如果一個男生約會時連續兩小時都在講「神魔之塔」，一定會讓女生無聊到「生虱母」（臺語：不耐煩）吧？

這就是古人為什麼說要「讀萬卷書，行萬里路」，就是要讓自己更加的豐富和廣博，什麼都知道、什麼都見過（有沒有這麼誇張？盡量啦），甚至能夠讓自己「多才多藝」。而如果你覺得那太麻煩了、太辛苦了，你只想做一個單一用途的「器」，當然就不需要學這麼多、懂這麼多，當然也就不可能成為一位君子。

成不了大器，你可以當達人

如果你其他什麼都不管，用畢生心力鑽研一樣東西，成為某一方面的「達人」有什麼不好？像日本就有很多平凡的小人物，努力讓自己變成「溫泉達人」（泡一下就知道是哪裡的溫泉）、「甜點達人」（閉著眼睛嘗一口就知道是哪家的甜點），這樣的人生難道就沒有價值嗎？

有呀！但他就是只有一種價值，就是一個「器」，再厲害也只有「單一功能」，當然他可以把單獨某件事做得很好，對於一個平凡的小人物來說，這樣也許足夠了；但是一個君子多半是志向遠大，是要立德、立功、立言的、是要齊家、治國、平天下的，不能憑著俗語說的「一把菜刀走江湖」。

例如「先天下之憂而憂」的范仲淹先生，既會寫文章，官又做得好，竟然還很會打仗，這才是如假包換的君子嘛！

所以我們在古書裡，常常看到有人被批評「小器」，那和我們今天說的「小氣」（吝嗇）可不一樣，就是專指一個人的功能有限，所以成不了「大器」。

而古代的君主選擇繼承人，也往往看的是「器量」夠不夠——你看清朝的皇子每天上課，又是四書五經、又是琴棋書畫、還要騎馬射箭，就是這個道理。

所以對於君子的要求還要更高一點，希望他「不器」，也就是「不只一器」，甚至越多「器」越好。舉一個最簡單的例子：如果需要一個治理國政、管理企業，或者擔任團體的領導人，我們不都是期望他懂得越多越好嗎？這樣才能活用知識、訂定目標、知人善任、有效經營……我們才會信任他、放心追隨他的腳步不是嗎？

既然如此，就讓我們從今天開始，以「君子不器」作為人生要達成的下一個目標吧！多看一點、多學一點，讓自己「多功能」一點，盡量增加自己的ＣＰ值，有什麼不好？

全能教育是為了人格的高大上

現在又要驗收一下了（別不耐煩！套句流行語，這叫「三採陰」懂不懂？）我們知道了做一個君子就要文質彬彬，不要像日本人太過的「文」（所以臺語說日本人有禮無體，也是類似的意思），更不要像中國人太過的「質」——其實就是「野」啦！二十一世紀還有人隨地大小便、當街打架，真的是一個有錢的「野蠻國度」。

但這樣就夠了嗎？開玩笑！當然不夠！否則我們臺灣不就已經是「君子國」，君子滿街跑了嗎？那只是第一個條件。

第二個條件前面講過了，只有四個字「君子不器」。君子不生氣？那不難啊！不是生氣的氣，而是器物的器。凡是器，都是有用途的，而且通常只有一種用途，例如水杯是用來裝水的，湯匙是用來舀湯的，你不能用水杯舀湯，也不能用湯匙裝水……總而言之，君子不能像一般的器物一樣，只有一種用途。

這也就是為什麼，我們讀中學的時候，要讀國英數史地理化生物……這麼多科目的原因。其實有很多知識是我們一輩子也用不到的，但是知識不是只「有用」的，學習的目的也不只是為了就業，我們積累知識、融會貫通，就可以增加智慧、舉一反三，有了懷疑、思考、判斷、抉擇的能力，不管人生碰到什麼事情，都能做出正確的反應。

所以教育不是就業能力培養班（那就直接去職訓所好了！），而是人格養成班。你所學的，只是做為一個人最基本應該知道的知識；而人必須以這些知識作為基礎，培養更多的智慧，才有辦法面對這個複雜的世界。

當然如果老師教得不好，或是教材乏味，讓你沒有興趣學習，那只能怪教育方式與教材編寫，不能說這個知識就不值得學。雖然這麼說不合我謙虛的本性，但是如果小學的生物課本都像《苦苓與瓦幸的魔法森林》那麼有趣，我就不相信小朋友會不想學。

君子必須是 Mr. All Know

你知道瘦金體嗎？你知道MOU嗎？你知道什麼是質數嗎？你知道古代的「吏」是沒有薪水的嗎？你知道臺灣最南端在哪裡嗎？你知道太陽系只有八大而不是九大行星嗎？你知道什麼是血液透析嗎？你知道鴛鴦不是一夫一妻制嗎？——什麼？你大部分都不知道？那你這樣要怎樣跟人家聊天？只能談政治、說八卦，講些有的沒的囉。

你說這些我都沒學過啊！可是我的「流體力學」學得很好啊！也幫我找到好工作了，可見得不知道這些阿里不達（臺語）的事情，也沒什麼大不了的。

沒有錯，那只證明了你就是一個孔子所說的「器」，很抱歉，不算君子。

所以君子要讀萬卷書、行萬里路，就算沒辦法什麼都會，但要盡量懂得很多，至少要是一個Mr. All Know。如果你太專業，只懂得一樣東西，就算懂得很深，也不能算是君子。

就像不少大學研究所裡的博士，其實他們一點都不「博」，而是非常的「專」，可能皓首窮經，就只在研究烏龜殼上的幾個甲骨文，或是研究某一種稀有蝙蝠（好敏感！不能舉別的例子嗎？）的交配行為……對於一般的知識，反而因為對研究沒幫助，不去涉獵，日常所見所思相當的狹隘，甚至成為生活上的「無能者」。

像愛因斯坦先生，不是就曾經把手錶放到鍋裡去煮嗎？牛頓先生也在自家大門上，挖了大小各兩個門，供一隻大貓和一隻小貓出入。我也有一位博士朋友，因為太太出國，只好自己去銀行辦事，等了半天，卻沒有任何一個人理他，他正要光火，才知道原來到銀行，是要先抽號碼牌的，還好銀行警衛發現了告知他，否則他真要等到天長地久。

這些學有專精的博士，固然令人佩服，但是因為他們的所見所聞其實不夠廣博，嚴格來說也只是一個高級的「器」而已，很不幸，都還不符合君子的資格。

那一個人到底要懂得多少知識、具備多少功能才能算「不器」呢？其實孔子並沒有否定術業有專攻的「達人」，只是希望我們不要畫地自限、多向發展、自由揮灑、海闊天空……你不覺得這樣的人生，比較有趣、也比較有夢可追嗎？

所以啦，如果你進一個公司，明明原來做的是行政，卻被叫去做業務，不久又奉派負責企畫，甚至一度還管理到財政問題……不要懷疑公司是在故意整你，讓你在不熟悉的領域出醜；反而是老闆有意讓你熟悉各個部門，將來才有機會領導統御。

例如一個企業有好幾個大部門，每個部門的管理者都要熟悉其中的各個領域，所以他們必定不是小小的、有限的「器」。

而這個企業的總管，當然要對這幾大部門都暸若指掌，更不可能是單一的、狹窄的「器」。

不管你想不想做君子（不然難道你想做小人？），都要各方面的充實自己，盡量擴大自己的所知所學、所見所聞，並且具備多樣的興趣和才能，才有機會在這個競爭激烈的社會嶄露頭角。

不要說孔子沒教你，關鍵在於你有沒有讀懂《論語》。

君子條件三四五：總之別做不義的事啦！

文質彬彬之後、又多才多藝之後，雖然有了君子的基本條件，但這樣子就能到社會上去「走跳」嗎？就會受到大家的尊重與歡迎，就能夠邁向成功之路嗎？真有那麼簡單就好了！那是「伊母打死某」（臺語版的 Impossible）的。

當然沒有那麼簡單，所以君子對於社會，至少還要符合三個條件：

一、「無適也」。這個適當然不是舒適的適，如果做君子都不能舒適，那不要說是現代的我們，連孔子的七十二個弟子，除了顏回以外（他過慣苦日子了）恐怕都跑光了。

這個「適」念做「迪」，無適也就是沒有一定目標的意思，也就是說人生沒有什麼事是非做不可的：我一定要升官、我一定要發財、我一定要住豪宅開名車、我一定要娶到絕世美女……這種眼界太過狹隘了，而且達成的機率也不高，就算勉強能達成你也一定累得要死，再說達成了又怎樣，你還是比不上那些權貴、那些鉅富的一根腳毛。

既然沒有什麼非做不可，那是不是什麼都可以做呢？哦 No No，接下來還有一項就是二、「無莫也」，意思是「也不是什麼事都可以幹」，不能說什麼東西好賺就去做什麼，什麼事情輕鬆就去幹什麼，卻不管對社會、對人們會造成什麼傷害，這樣也是不負責任的，在夢中孔子也會對你搖頭的（最好你會夢到他！）。

如果這樣想的話，孔子和他的弟子們最適合做的就是詐騙集團了，只要有基本設備，每個人再出一張嘴，就會不斷有人把錢送上門來，世界上還有比這個更輕鬆的工作嗎？哪裡還需費盡脣舌的去跟那些昏庸的君王講什麼道理，就為了能讓老百姓過上好日子？

所以重點來了，三、「義之與比」（比要念成畢的音），要不要做一件事，只問這件事合不合「義」，義就是宜，也就是這件事該不該做的意思。

所以你可以做官，但是不可以貪汙；你也可以做生意，但是不能做非法的行業；你可以當老師，但是不能誤人子弟；你可以當法官，但是不能變成「恐龍」……總之，你不可以做「不義」的事。

鈔票什麼的，都是浮雲啊～

因為君子既然不器，當然具備了做很多事情的才能：例如我最早的工作是教書，但後來看不慣教育體制的敗壞，不願意同流合汙，我就改行去寫作。但我也不寫一些嘩眾取寵的作品，反而是直接針對不公不義，希望能對社會提出建言。後來有機會去主持電視節目，我也從來不管收視率高低，只看節目的內容是否對觀眾有趣又有益，如果明明是好節目而不受電視臺肯定，那大不了不幹——不過這樣說也是有點誇口，因為就算我得了一個金鐘獎，電視臺的老闆娘還是會說：「那有P用？給我收視率！」

其實以上這些原則，對於我在那些行業的「成功」都是不太有利的。但是別忘了：利的前面還有一個義字，例如拍電視廣告，我就不拍預售屋廣告，天曉得房子會蓋成什麼樣子，甚至蓋不蓋得起來；也不拍沒有經過政府認證的健康食品廣告，天知道消費者吃下肚子的是什麼東西？

還有購物臺要我去賣藝術品，我說這些東西我不懂呀，要怎麼賣？他們說你放心，資料都會準備好，你只要照著稿子天花亂墜就好了。以我那時的名氣，確實有把握可以把東西賣出去——這種錢實在太好賺了，也不會有後遺症，但我還是會「良心發作」，把這種鈔票大把的往外推——因為這明明是詐騙嘛！

所以我們做不做一件事的依據，不應該是「利」，而應該是「義」：臺灣在各個領域，都有那麼多的志工，不計較自己有什麼好處，努力去幫助別人，甚至擴展到海外各國去行善助人，也使得臺灣成了一個世界有名的「志工國家」；這些人之所以能夠不計較利害關係，不就是因為他們選擇了孔子說的「義之與比」嗎？

所以簡單的說：君子沒有非做不可的事，但也不是什麼事都不做，而是要看這件事對不對、好不好、對社會是不是正面的。

你要要特權？一定有人受害；你要賺黑錢？一定有人倒楣；你要搞詐騙？一定有人吃盡苦頭；你要搞吸金？一定有人傾家蕩產……其實衡量的標準也很簡單：有沒有人因為你做的事受害？即使他是自己願意的也不行。

人生在世，其實最寶貴的就是「安心」，今天你所得到的一切，如果回想起來沒有讓你有一點不安：沒有去靠關係、沒有去送紅包、沒有用「偷吃步」、也沒有設計陷害對手、更沒有說謊騙人膨風吹牛；那不管你現在日子過得再舒服，都可以問心無愧、盡情享受。

恭喜你，你已經符合做一個君子的入門標準了。讓我們繼續努力吧！

當然，《論語》不僅僅是這樣而已，我介紹的應該不到千分之一，只是給你「聞香」一下，剩下的就要自己讀囉！

第四章　小說

一本比一本還扯的中國四大小說

13 西遊記

唐三藏是「慣老闆」、豬八戒是「豬隊友」，對於權力至高無上的人（例如各種神仙大人物），我們也不要沒事質疑他、挑戰他……

中國古來文人最擅長寫作的是詩詞歌賦，從詩經楚辭、古詩（例如你讀過的古詩十九首）、唐詩、宋詞、元曲……創作的數量非常豐富，光是宋朝的陸放翁，一個人的作品就超過一萬首，那你可以想像古來詩詞作品之多，真的有如雨後春筍、過江之鯽，甚至是恆河沙數（你看，不知不覺就引用到佛經，連我都佩服起自己來了）……而我們每個人多多少少也都會背上幾首，什麼「牀前明月光」啦、什麼「松下問童子」啦，還有什麼「大江東去浪濤盡」啦……我們真的可以說是一個溼的民族，呃，我是說詩的民族。

相對的，小說的創作就不那麼興盛了，好像明、清兩代才開始流行，而大家真正讀過的作品也不多，除了「書生進京趕考，借宿民家，得蒙小姐熱情招待、共薦枕席，不料一覺醒來，卻發現自己睡在墳場」的《聊齋志異》這類故事之外，人人耳熟能詳的，大概就只有號稱「中國四大小說」的《三國演義》、《西遊記》、《水滸傳》和《紅樓夢》了。

這四本小說，故事的背景分別發生在三國、唐朝、宋朝和清朝，橫跨好幾個世代，讀這些小說，也可以幫助我們了解千年以來的古人，到底是怎樣生活、怎樣思考的。

不過從來沒有人告訴你的是：這些小說都很扯！

昏君、忠臣、奸臣，一再重複的三角關係

怎麼個扯法呢？不是我愛吐槽，就以《西遊記》來說吧！寫的是唐三藏西天取經的故事，而偏偏這個唐僧是一個膽小懦弱、耳根子又軟的Boss，每一次妖精假扮成正常人出現，都會被孫悟空的超級雷達（火眼金睛）發現，可是就偏偏有一個既好色又壞心的豬八戒，在旁邊挑撥離間，說那個真的不是妖精，大師兄（也就是孫悟空）冤枉人

家了。而唐三藏也很奇怪的是：每一次都聽豬八戒的讒言，把孫悟空痛罵一頓、趕出隊伍，甚至還念緊箍咒讓他吃盡苦頭……等到最後妖精現形，要大快朵頤的吃唐僧肉了，孫悟空才又回來救駕。

不是我多心，我覺得這種情節根本是作者吳承恩，在暗中諷刺昏君（唐僧）、忠臣（孫悟空）和奸臣（豬八戒）的三角關係，要不然你要如何解釋唐三藏這個有道高僧的離譜行為呢？

而且不只一次哦！同樣的情節一而再、再而三的發生，師徒三人的衝突關係不變，變的只有長相和法力不一樣的妖精，不管是蜘蛛精、白骨精或是狐狸精（咦，有嗎？），反正作者就是不斷的抄前面一回的故事，頂多只有配角人物和故事細節稍加變動而已，別說讀者諸君了，連我這個中文系出身的都會看得不耐煩。

所以我覺得：《西遊記》充其量只能算是有趣的童話故事（你看小朋友多喜歡！），要說到文學價值那實在是……唉，不予置評、不予置評。

妖怪跑出來怪我囉？

而且很奇怪耶！孫悟空表面上好像功夫不錯，又是筋斗雲又是金箍棒的，可是幾乎每次「打怪」都失敗，即使加上豬八戒和沙悟淨的幫忙，也沒什麼用，最後總是要向觀世音菩薩求救，因此每次打贏的其實都是觀世音菩薩本人。

那如果這樣的話，菩薩你老人家不要說陪伴了，乾脆親自保護唐三藏去西天取經成功，不就萬事ＯＫ了？幹嘛勞動這麼多人、費這麼多事？

何況每次出現厲害的妖怪，不是你們天庭（天庭跟天堂不一樣，天庭是神仙住的，天堂是好人住的，不過這個跟主題無關，可以直接跳過）不小心造成的，就是沒注意放出來的，所謂「解鈴還需繫鈴人」，你們自己內部處理一下就好了，又何必讓唐三藏吃盡苦頭、孫悟空飽受委屈、其他同夥也沒有什麼好果子吃？感覺做神仙的好像也不是很負責任，不知道天庭有沒有像陳師孟這種監察委員專門來盯他們？

看西遊記學職場求生術

總之，妖精就是妖精，跟人一樣都要安分守己。孫悟空如果不是驕傲頑皮、大鬧天宮，也不會落得被天庭派去養馬（弼馬溫），後來還攤上了這個既不光彩、又很艱難的「空缺」（臺語：工作）。

而唐僧取經一路上的這些妖怪，其實很多已經有千年修行，都是一方之霸，偏偏「人心不足蛇吞象」，一定要想方設法的吃到唐僧肉，來讓自己功力大進，這就好像想要「補血」卻又不靠自己努力，難道是把唐三藏當成最強「外掛」嗎？結果沒一個有好下場，早知道乖乖的當個守本分的妖精就好了。

就像《白蛇傳》裡的白蛇，如果不是忘了自己妖精的身分，妄想跟人類（許仙）談戀愛，也不會闖下那麼多大禍，最後被法海和尚關在雷峰塔下——咦？我怎麼講到這裡來了？我就說一個人學問不能太大，舉一反三、觸類旁通，很容易就跑題了，不過大家反正還沒下課，順便多學一點東西也沒什麼不好。所以《西遊記》在告訴我們什麼呢？告訴我們裝睡的人永遠叫不醒，像唐三藏這種「慣老闆」，非不得已的話盡量不要跟著他；而像豬八戒這種同事，就是典型的「豬隊友」，不要妄想他幫你，他不害你就不錯了；還有不管你是什麼身分的妖精，就安安分分的把妖精做好做滿，不要妄想一步登天，免得前功盡棄、悔不當初；而對於權力至高無上的人（例如各種神仙大人物），我們也不要沒事質疑他、挑戰他，最好早早開口請他幫忙、乖乖依照他的指示、欣然接受他的幫助……跟比你強大很多的力量對抗是不智的，千萬不要「以卵擊石」，爸媽不是從小就教過我們了嗎？

◇

好啦，這就是《西遊記》，一本相當扯淡的小說。如果滿分是五分的話，那麼娛樂功能五分，人生啟示三分，文學造詣一分……這是我的不客觀評價，當然你也可以有你的不客觀評價（只要不自以為客觀就好了）。

其實這本書最大的功能就是用來為家裡的小寶貝講床邊故事，但是現在全臺灣還有人不用「可愛巧虎島」，反而用「唐三藏與孫悟空（別忘了豬八戒，小朋友最喜歡）」來給寶貝孩子講床邊故事的，我看也只剩下蔡詩萍老兄一個人了。

搞了半天，所謂梁山泊結義一百零八條好漢，只是宋江這個老狐狸用來升官發財的墊腳石而已。

另外一本宋江集結一百零八條好漢在梁山泊造反的《水滸傳》，也很扯：這本書標榜兩個主題，一個是「官逼民反」，一個是「替天行道」。

土匪本業不就是造反？

我們就照他自己的標準來衡量他，免得說我言語刻薄、做人不厚道（啊我本來就是啊！）。首先說官逼民反，就算你翻遍整本《水滸傳》（你有那麼認真嗎？我懷疑）也只有「豹子頭」林沖真的符合官逼民反的標準而已。

老實說，我覺得整本《水滸傳》只有前面這一段寫得最精彩，看到「林沖夜奔」就可以放下書本說拜拜了——欸不行這樣，我還沒講完呢！麻煩大家繼續跟我看下去，忍耐一下不會太久的（好像上國文課都是這種心情吼？）。

其他跟著宋江上山造反的，有很多本來就是當土匪的人，基本上就是小土匪被梁山泊這些大土匪「收編」，哪有什麼官在逼你造什麼反？你本來就是以造反為業了好嗎？

另外一些則是被設計陷害的：像楊志奉朝廷之命押送生辰綱，宋江派軍師吳用和阮家三兄弟用智奪取，楊志丟了生辰綱，回到京師也是死路一條，只好跟著到梁山泊去造反，這哪裡是官府逼的？明明是被宋江這些人害的！

另外像「玉麒麟」盧俊義，他是個家大業大的員外，誰沒事找死要去造反？結果宋江跟人家吃了一頓飯，就冒他的名在餐館的牆上提了一首反詩，這下害得盧俊義不逃也不行了，而且還把偌大的家產一起送到梁山泊來，狡猾的宋江「人財兩得」，這又哪裡是官逼的？明明就是「匪」逼的！

都是為了替（ㄉㄚˇ）天（ㄐㄧㄚ）行（ㄐㄧㄝˊ）道（ㄕㄜˋ）

再講「替天行道」，請問這一百零八個人有做什麼看家護院、保鏢送貨的正當行業嗎？顯然沒有！那麼這一百零八個人加上他們的手下嘍囉、煮飯工、清潔工、車伕、船老大，甚至跑腿小弟等等，起碼也有上千人吧？他們每天吃什麼、用什麼？

很顯然，他們幹的還是打家劫舍的老勾當，而且因為人那麼多，幹的次數一定更頻繁、規模一定更龐大；換句話說，受害者一定更多！

且慢！你不要跟我說什麼「劫富濟貧」，這是只有中國共產黨才會相信的鬼話（難怪他們那麼推崇梁山泊好漢），請問努力工作、勤奮賺錢的有錢人就是壞人，就活該被搶嗎？再請問好吃懶做、不事生產的窮人就應該無條件被接濟嗎？——這個既不合情又不合理的觀念竟然在中國流傳了幾千年，到現在還有人推崇所謂的「義賊」，可見得中國的醬缸文化[2]有多麼可怕！

如果你相信這些強盜在搶劫之前，還會先調查對方的錢是不是不義之財；又如果你相信他們不會把搶來的錢財用在自己身上，反而是去送給窮苦人家，那我只好說你真的是塑膠做的！

何況他們還曾經大舉調動兵馬，去攻打附近的小縣城，看起來好像是「主動造反」（官兵又沒有去圍剿他們！）而不是什麼「官逼民反」吧？

所以他們有沒有在替天行道呢？並沒有。他們只是在為自己掠奪財物、囤積糧食、壯大兵馬、橫行霸道而已，基本上他們沒有做過任何多少對人民有益的事，就像是一個黑社會老大出來圍事，卻把自己說成「維護社會治安」一樣，非常的好笑——當然，絕大部分人為了怕牙齒被打掉，都不敢笑。

只為一圓國軍夢

而且這個荒謬的造反集團，還沒有本事真的造反，領導者宋江一心一意的想要被朝廷「招安」，也就是他的土匪部隊能被收編進入宋朝的「國軍」，他自己繼續帶領這支

2 出自柏楊於一九八一年於美國紐約的演講，他以醬缸形容中國文化在歷史長河中逐漸無法流動，各種汙穢骯髒積累發臭，以此諷刺儒家與封建制度的陳腐扭曲。

部隊，擔任指揮官，當然要比他原來在縣政府當一個小小的公務員，權勢地位都不可同日而語。

喔砍砍！你不是說這個政府不好，才逼得你們要造反的嗎？結果你們主張造反的最終目的，竟然是加入這個爛政府，那不就是助紂為虐嗎？搞了半天，所謂梁山泊結義一百零八條好漢，只是宋江這個老狐狸用來升官發財的墊腳石而已。

當然這裡面有很多人是反對被招安的，他們覺得在一起大碗喝酒、大塊吃肉，比起唯唯諾諾的去當朝廷的爪牙，要來得痛快自在多了。無奈大家已經歃血為盟，老大做的決定，除非真的狠下心來推翻老大，否則也只好聽老大的了。

也有不聽的：像黑旋風李逵，可以說是對宋江最死忠的，但因為他是最強烈的「反招安」派，宋江為了掃除障礙，竟然就狠下心來把他幹掉了！請問有了這樣的老大，誰還需要敵人？

而且如果你接受了招安，大家跟著你去吃香喝辣也就罷了（反正只是換一個地方吃，一樣不用買單），但是大家都知道：沒有人會對「變節者」放心的，朝廷招安了你宋江，你兵權在握，誰能保證你哪一天不會說翻臉就翻臉？

所以就派宋江帶著一伙兄弟去打另一批也是造反的方臘，打輸了你全滅最好，解除心頭大患；就算打贏了你也會傷亡慘重，從此不足為患。當初共產黨把國民黨投降的士兵都派去打韓戰，也是一樣的道理。

這也可以給現在臺灣的「大粉紅」、「小粉紅」一個很好的警惕：不要以為你現在逢迎拍馬、裡應外合，將來萬一他占了我們，你就會有什麼好果子吃，到時候你很可能就會被送去哪個集中營加強思想改造（因為你有「不忠不義」的惡質基因嘛！）。

施耐庵是厭女症患者？

除了林沖，《水滸傳》裡另一個悲劇人物，就是武松了。武松因為喝醉酒打死老虎（清醒的人絕對不會幹這種事，也幹不成），回到老家後又發現哥哥武大郎被姦夫淫婦毒死，於是殺了潘金蓮，打死西門慶（不過在《金瓶梅》這本書裡，姦夫淫婦都倖免於難，那是另一回事，反正寫小說嘛！愛怎麼寫就怎麼寫），報了大仇，卻也天地難容，還好有梁山泊收留他——但他一定沒想到，自己竟會死在征伐方臘的半路上，不知道他死前有沒有大喊：「老大！都是你害了我！」

說起這個老大宋江，外號「及時雨」，在江湖上（其實也就是黑白兩道啦！）真的是「頂港有名聲，下港真出名」（臺語），只要是找他幫忙的一定能夠如願以償，所以名聲越傳越遠，簡直是方圓五百里內無人不知、無人不曉。

問題他只是個地方小官，收入一定不多，哪來那麼多錢，一天到晚幫助別人？這其實滿可疑的，還是說他自己根本就是貪官汙吏？——如果照他「劫富濟貧」的標準，偷一些國家的「不義之財」來花，也很像他本人會幹的事。

說不過去的是：他竟然還收了一個情婦叫閻惜姣，哪來的那麼多錢呀？更離譜的是收了人家卻又冷落人家，整天只跟各地來的英雄好漢們Social，害得這位閻小姐深閨寂寞，跟一位張文遠先生勾搭上了……

宋江如果夠大器，不如就成全兩人，或者裝聾作啞也可以，偏偏他還醋勁大發、興師問罪，閻小姐吞不下這口氣，跟他吵嚷起來，還拿他涉嫌造反的證據威脅他——這下沒話說，只好當場把這女人幹掉，宋江也只能就此亡命天涯，所謂的「官逼民反」，真相竟然那麼扯，沒想到吧？

還有一點我們要找一下作者施耐庵的麻煩：就是《水滸傳》裡的女人，只要稍微算個角色的，就幾乎只有兩種：一種是潘金蓮、閻惜姣這種蕩婦，另一種就是賣人肉包子的孫大娘這種男人婆，就沒有一個比較正常的「女俠」之類的。你說這不是性別歧視、什麼是性別歧視？

不過我們拿現代人的標準，來找古代人的缺點，也不算什麼英雄好漢。好在我本來就不是什麼英雄好漢，硬說這件事也不過是為了湊字數而已，不是啦，我是在強調這部小說有多扯，你同意就好；如果你不同意，也好——嘔砍砍！做人就要學我這麼大器，千萬不要小鼻子小眼睛。

不過最後不能免俗，還是要來一點正面的啟示：如果有人自稱大哥來跟你講義氣，千萬要小心！他不但會害你，而且很可能害死你（就像李逵和武松），可憐哪……

15 三國演義

不要再隨便相信「兄弟」、「義氣」這種東西，更不要隨便拉幫結派，因為「死的永遠是小弟」，而且「大哥根本不管你」……

這次要談到大家最熟悉的《三國演義》了！不過各位之所以對三國熟悉，未必是讀過這本小說（我就老實說好了，你多半沒讀過），更可能是從漫畫、卡通或者是遊戲中，知道這些三國人物的，所以你也很難知道：三國到底有多扯！

每個都愛演，演技最好的是……

扯的事不勝枚舉：例如「桃園三結義」，劉、關、張三個人義結金蘭，不是一起對天發誓「雖非同年同月同日生，但願同年同月同日死」嗎？多義氣呀！多感人呀！結果關羽死的時候，另外兩個人跟著死了嗎？張飛死的時候，剩下一個人跟著死了嗎？顯然都沒有！所以學乖一點，不要再隨便相信「兄弟」、「義氣」這種東西，更不要隨便拉幫結派，因為「死的永遠是小弟」，而且「大哥根本不管你」。

又例如「三顧茅廬」，你諸葛亮覺得身逢亂世，想要隱居就隱居，那是你的「遷徙自由」，但是你幹嘛「隱」到滿世界都知道呢？根本就是為了刷存在感、衝高點閱率嘛！好，就算這個「終南捷徑」是你的手段，那人家劉備三兄弟既然來了，你就高高興興接待，共商天下大計就好了，幹嘛還裝模作樣、欲拒還迎，搞得跟個古代名妓似的，實在太假掰了！沒有被張飛綁起來痛打一頓，算你運氣好。

但是劉備老狐狸還是比較厲害，面子做夠了給你，你就得一輩子替他賣命，而且劉備是最會「表演」的：阿斗在長坂坡被敵軍擄走，趙子雲英勇的三進三出，好不容易把阿斗搶救了回來，劉備接過兒子，卻往地上一摔，說：「死囡仔！害我差點折損一員大將！」——有沒有這樣誇張的？你要真捨不得這個大將，他去救你兒子的時候，你就應該出聲阻止，等到人家拚了老命救你兒子回來，你演這一齣是什麼意思？不趕快賞賜有功勞的大將，還想跟他討人情嗎？

不過這件事裡也有兩個「楣角」（臺語）：第一是據說劉備兩耳垂肩、手長過膝（基本就是一隻長臂猿的樣子），所以摔兒子可能根本還沒有摔到地上，就用他的長手接住了，純粹是當著三軍將士、君臣之間表演的一場秀而已。

另外一個可能就是阿斗真的被摔到地上，而且把腦袋摔壞了。所以後來諸葛亮寫了〈出師表〉，六出祁山、北伐中原，往往仗打得還不錯，就會被阿斗叫回來，諸葛亮氣急敗壞的趕回來，問他有什麼事，他說：「沒有啊，就我想你，想看看你呀。」——你看這個傢伙是不是有點「秀逗」（臺語）？

後來蜀漢亡國，阿斗被抓到晉朝的王宮圈養著，當朝皇帝怕他還有異心，派人去問他「會不會想家呀？」他頭也不抬的回說「不會啊！我在這裡很開心啊！」——這就是成語「樂不思蜀」的由來，他的頭殼有沒有壞去，請大家自行判斷。

倒是諸葛亮確確實實中了劉備的計：大家都知道阿斗根本「嘸三小路用」（臺語），那麼一旦他老爸劉備死了，諸葛亮會不會名正言順的取而代之，甚至滿朝文武就直接擁立諸葛亮了（至少讓人比較放心，大家可以多偏安一些日子）？

沒想到劉備在病榻之前，把文武百官都叫來，當眾對諸葛亮說：「你看我兒子如果可以輔佐就輔佐他，如果不行你就取而代之也沒關係。」嚇得諸葛亮當場下跪！把天上諸神、祖宗八代、全家老小都拿出來賭咒發誓，絕對一心一意忠誠輔佐阿斗到底——這下子就把自己給「框」死了，滿朝大臣也聽得一清二楚、當場見證，劉備終於可以含笑九泉，心裡想說：「死小孩！你爹臨死之前還要費力保住你的腦袋和位子，最好每年清明節記得多給我燒一點紙錢。」

曹操沒有那麼壞

倒楣的當然不只諸葛亮，還有曹操。因為《三國演義》的作者羅貫中是站在正統，也就是漢朝劉家的角度發言，所以編出來的故事是比較偏袒劉備這邊的。例如赤壁之戰，明明就是孫權出的主力、周瑜打贏的仗，卻被他編了什麼「草船借箭」、「諸葛亮借東風火燒赤壁」的情節，整個功勞就都變成劉備這一邊的，這樣有公平嗎？

所以曹操就被講成「挾天子以令諸侯」、「用人唯才不顧德」、「亂世之梟雄或奸雄」等等……其實曹操有做過什麼傷天害理的壞事嗎（頂多是比較好色一點而已）？為國家多找些人才不應該嗎（每次飯吃一半、洗頭洗一半就跑出來接見人才）？終其一生他有取漢獻帝而代之嗎？

而且他說的也有道理：「如果不是我挺在這裡，全天下現在不知道會跑出幾個王、幾個帝來，那豈不是更要亂成一團（自白：最後一句是我加的，但他就是這個意思沒有錯的啦）？」

總之，曹操真的沒有那麼壞，他很冤。

有神快拜關雲長

講過了這些配角，我們再來談一談整本書中地位最高的人——瞎密？你不知道是誰？當然是關公、關羽、關雲長本人啦！都已經當到神（關聖帝君）了，不是他地位最高，還有誰比他高？

要知道：神有神的系統，不管是玉皇大帝、觀世音菩薩還是彌勒佛，人家都是天生就是神，很有一點「貴族世家」的意思。

神如果犯了錯，被打落凡間是常有的事，例如天蓬大元帥豬八戒就是最好的例子。但是如果是人（包括修煉成精的妖怪）想要變成神，可沒那麼容易，你看孫悟空就算大鬧天宮，也不過只有一個管馬廄、剷馬糞的「弼馬溫」可以做。

只有真正對人類很有貢獻的，例如「放下屠刀、立地成佛」的玄天上帝，又例如既有孝心又有愛心的天后聖母——說到媽祖娘娘，信徒組團帶著祂的神像出國進香，也是要買一個飛機座位的，所以有一次才會在桃園機場出現這樣的廣播：「華航C I003班機往廈門的旅客林默娘女士，請立刻由三號登機門登機」——才有機會由人變成神，受到大家膜拜景仰的。

那麼我們就來「鑑定」一下關公做為神的資格：他當然很會打仗，但也沒有立下什麼具體的戰功，何況打仗是要流血、要死人的，應該不會這樣子就受人敬仰，大家欽佩的應該是他的「忠義精神」，所以警察也拜祂、黑道也拜祂，要考試的拜祂（文昌帝君就包含關公在內，不要問我為什麼），想發財的也拜他（五路財神也包括關公在內，Again，不要問我為什麼），但是他到底有多「忠」、有多「義」呢？

他忠的對象，當然應該是稱帝的劉備；他義的對象，當然也應該是結拜的劉備；可是他、他、他（有需要那麼誇張嗎？）投降了曹操耶！

軍人戰死沙場，將軍馬革裹屍，怎麼可以投降呢？你看漢朝的李陵就是因為兵敗投降匈奴，全家被漢武帝殺光；司馬遷幫李陵講話，就被漢武帝給閹掉了，好啦，我們斯文一點，就講宮刑。

所以司馬遷懷恨在心，寫歷史的時候就把漢朝開國的劉邦寫得多壞多壞，把項羽寫得多好多好，其實這兩個人都是壞蛋，光是打打殺殺之間，就屠了好幾個城（把全城的無辜百姓都殺光），甚至還曾經聯合作業、一起屠城，其實都不是什麼好東西。

所以司馬遷「反劉」、羅貫中「親劉」，各自都有偏袒，不管是歷史或是小說，都有不可靠的地方，不可以隨隨便便就相信；換句話說，不管對任何資訊（Google大神也好、維基百科也好）都要有懷疑的能力、判斷的能力，否則你就只能讓人牽著鼻子走，變成一個毫無主見的人。

咦？不是在講關公投降曹操嗎？為什麼又講到這裡來了？沒辦法，我這個人就是太博學（外號：恨蒼天），動不動就觸類旁通、旁徵博引，講到沒關係的事情上去了。大家習慣就好了，也不要太把我的話當一回事，回頭來看關公投降曹操，是不是對劉備不忠？

自古忠義難兩全

臥斧扣死（英語）不忠！

辯護律師出庭：「關公是為了保住劉備的兩位老婆，也就是自己的兩位嫂嫂，交換條件，才暫且假意投降曹操的，其情可憫。」

檢察官發言：「劉備的老婆和國家利益無關，以這個為藉口投降，對兩軍對陣並無幫助，而且減損己兵力，確實是對國家不忠的行為無誤。」

辯護律師又說：「投降對國家確實沒有好處，但是關公和劉備義結金蘭，不能眼看著『大哥的女人』落入敵人手裡，所以委屈自己投降，再伺機而動，可以說是犧牲自己的名節，保全了兄弟之義。就算不忠，但是義薄雲天。」

法官宣判：「關公投降曹操，確實對國不忠；但對結拜的大哥劉備而言，可以說是很夠義氣。」

檢察官提出上訴：「關公對劉備或許有義，但是對曹操就很沒有義。曹操對關公上馬金、下馬銀，賞賜有加、十分厚愛，而且也信守承諾，沒有對他的兩位嫂嫂動手動腳（以曹操一貫的好色來說，這可不容易呀！算是很夠義氣了），但是關公一打聽到劉備的下落，馬上帶著兩位嫂嫂走人，過五關、斬六將、誅顏良、殺文醜（實際情形有點複雜，反正算總帳就是了）……讓曹操損失慘重，這樣看來：關公對曹操是大大的不義呀！」

辯護律師再度出場：「曹操自己一廂情願的賞賜，關公從來沒有答應過他什麼，走的時候也沒有帶走曹操給的一分一毫，至於過關斬將、兩軍交鋒，難免會有傷亡，這也是迫不得已的事，說不上什麼義或不義的！」

檢察官繼續咄咄逼人：「好，那麼請問赤壁之戰曹操敗逃，關公奉命把守最後一關，為什麼不當場誅殺曹操、永絕後患，反而放他逃命呢？」

辯護律師仍然振振有詞：「這就是關公顧念當年曹操對他的賞識和禮遇，禮尚往來、還他人情，這不就說明了關公是一個很講義氣的人嗎？」

這下被檢察官逮到話柄了：「好啊！對於最主要的敵人，有難得的殲滅機會，如果赤壁之戰關公能夠奉命殺了曹操，他們那邊的勢力很可能土崩瓦解，去除了劉備這邊的心腹大患。結果關公為了所謂的義氣，放走敵人主帥，嚴重危害國家，這不是不忠，請問什麼叫做不忠？」

辯護律師終於詞窮：「這、這……忠就不義，義就不忠，兩者自古難全，所以、所以關公他……」

法官趕快出來打圓場：「好了好了，這又不是真的在開言辭辯論庭，大家幹嘛那麼當真？再說也不能真的把古人從小說裡挖出來判刑，大家說說便罷、聽聽就好，茶餘飯後做個談資，千萬不可以跟苦苓那個無聊的老傢伙一般見識。休庭！」

好啦，既然法官大人（有這個人嗎？好像也是我瞎編出來的）這麼說，大家也就不要再糾結了，反正愛拜關公的繼續拜、愛打三國的繼續打，這就是老祖宗留給我們的文化遺產不是嗎？

拜關公不會變成中國人

但是你可不要頭殼壞去，因為我們拜關公，就說我們都是中國人喔！因為在三國時代，根本還沒有「中國」這樣的概念，所以關公不是中國人，我們也不會因為拜關公就變成了中國人。

退兩萬步說（一般不是退一萬步嗎？這就表示我們是退了又退），就算關公是中國人好了，那也不會因為你拜關公就一定得是中國人——全世界有那麼多人拜耶穌，難道拜他的人都得是猶太人（種族）、巴勒斯坦人（地區）、以色列人（國家）嗎？窩斧扣死奈特（英語）！

我又離題了嗎？沒有耶！這是延伸教學，也是機會教育，我這麼努力的把大家的思路搞得一片錯亂，就是希望大家能夠有自我思辨的能力，不要人云亦云、不要瞎聽盲從（包括我的話也不要隨便相信），對於什麼事情都要懷疑過、思考過、判斷過才下決定，這樣才能「做自己」不是嗎？

要做自己，就從知道《三國演義》有多麼扯開始。

16 紅樓夢

追求你此生的愛情、把握你永遠的幸福，就從閱讀《紅樓夢》開始。

中國四大小說居然有三本被我說成很扯，我這個人也真的太扯了！那麼最後一本《紅樓夢》怎麼樣呢？也很扯嗎？

不，《紅樓夢》不但一點都不扯，而且非常的「有用」，尤其是對於男女選擇對象，更是可以獲益匪淺，大家一定要讀——但我打賭你讀不下去，還是為師的講給你們聽比較快。

《紅樓夢》中有四位主要女性角色：薛寶釵、林黛玉、襲人和晴雯，正好代表了女性的四大類型，女生可以據此發覺自己是哪一型的，男生也可認知自己適合哪一型的女生，有助於雙方的了解與交流。歷史上還沒有人想到這本書有這個功能，我實在不得不佩服自己一下——要不怎麼會自號「恨蒼天」呢？

不怨不恨是小妾本分——花襲人

首先是襲人，她是「敢愛不敢恨」型的。她貼身服侍寶玉，殷勤體貼、百依百順。寶玉有一次做春夢後遺精被她發現，寶玉就拉著她做「那件事」，她也就答應了，所以她是寶玉的「第一個女人」。

話說我在青少年時期（大約是清末民初吧！），看到《紅樓夢》這一章「賈寶玉初試雲雨情」，看得臉紅心跳、呼吸急促，速速翻遍全書，卻沒有再找到類似情節，奇怪？不是賈府上下除了門口那兩隻石獅子，沒有一個乾淨的嗎？不是賈寶玉還搞Gay嗎？怎麼都找不到？失望之情，溢於言表——好了好了，又岔題了，回來講這個襲人。

話說這個襲人怎麼如此「隨便」呢？人家一招（臺語）就去了！非也非也，其實賈母早就把她許配給寶玉做妾了，所以將來不管寶玉娶了誰，她都是名正言順的「二太太」，還有什麼好矜持的？老爺「提前取貨」，她也不好Say No是不是？

也所以她對寶玉絕對是：無論是非黑白、一律相挺到底，比現在的什麼粉都還要死忠。像有一次寶玉喝醉了回房，對著等門等了大半夜的她，一腳就踹在她胸口上，這換了誰都受不了吧？但襲人既不悲哀哭泣，也沒有含怨報復，更沒有興師問罪，反而是忙著幫寶玉更衣、醒酒，唯恐寶玉的惡行惡狀被賈父（也就是他爹啦！）發現而遭到一番毒打。

像這樣只顧到對方，完全沒想到自己，真的是愛到了最高點。這也就像有些女孩子會說：「只要你肯跟我在一起就好，你對我怎麼樣都沒關係。」──說得好聽，可是一旦對方去愛別人的時候，對你很不好的時候，你卻仍然義無反顧、無怨無悔的愛他，只付出、不得到，只耕種、不收穫，這種愛真的是幸福嗎？

（難怪蔡詩萍在《紅樓心機》書上說：襲人一定會和寶釵「聯盟」，支持她嫁給寶玉，因為如果是黛玉來做了大老婆，那襲人除了吃寶玉的苦頭，勢必要連黛玉的苦頭也一起吃，襲人的「愛與包容」也未必有那麼大。）

像襲人這種「敢愛不敢恨」的女性，最適合的也就是做「妾」（現在叫做小老婆，但是小老婆是要負責「包養」的，和只上Motel的小三不太一樣，大家稍微要給他區別一下）。

就是要找你麻煩——刁蠻女友林黛玉

至於林黛玉，則是「敢恨不敢愛」型的，她和寶玉的確是相知相惜，書中有一幕：兩個人併排躺著，臉上蓋著帕子，有一搭沒一搭的說著閒話，真的是兩小無猜的靜好歲月，兩個人根本就是天生一對。

兩小無猜？他們兩個到底有多小呢？大概就十四五六歲吧？很早熟嗎？沒有耶！羅密歐和茱麗葉也大概是這個年紀，像我們現在的老師和家長對高中生談戀愛還大驚小怪，他們才是不成熟呢！

可是黛玉心裡充滿了怨恨：她恨自己命不好，無家可歸寄人籬下，也恨賈府的種種規矩、恨世上一切繁文縟節，更恨所有跟她爭寵的大觀園裡的女性，所以她既「酸」又「刺」，幾乎沒有人能跟她和睦相處。

而對唯一可愛的寶玉，她又不好好愛他，一味的找茬、刁難、賭氣、猜疑……就像現在的女孩，男朋友問她想吃什麼，她說「隨便」，可是接下來不管男朋友建議吃什麼，她都反對，啊她到底是想怎樣？原來她認為：「你如果愛我，就應該知道我想吃什麼。」——天啊！多難搞！而我跟你保證：黛玉還要難搞一百倍。這也就難怪她和寶玉一天到晚都在吵架，真的是「不是冤家不聚頭」。

像黛玉這種「敢恨不敢愛」的，當當「女朋友」、談情說愛鬥鬥嘴還可以，如果斗膽把她娶回家，保證你有一輩子吃不完的苦頭！

敢愛敢恨才是好情人——晴雯

那有沒有「敢愛敢恨」型的呢？晴雯就是！她只是賈府的丫頭，卻不自量力，敢跟那些小姐，也就是寶玉的表姊表妹之類的，爭奪寶玉的寵愛，真的是「真好膽」兼「毋知死」（臺語：不知死活）。

寶玉也真的很寵溺她：她愛聽撕扇子的聲音，寶玉就叫人一把一把的撕給她聽，看得旁邊的人個個心驚肉跳，覺得這個晴雯實在是太「囂張」了！

但她也很捨得為寶玉付出：寶玉的孔雀裘不小心燒破了一個洞，第二天早上要穿（如果沒穿當然又可能換來賈父的一頓痛打！），晴雯就不眠不休、拚了一整夜幫他修補，一直到體力不支，一聲「我再也不能了」，昏迷倒地為止。

這樣直接而強烈的愛情誰又招架得住？就像現代的女孩，用灼熱的眼光看著男生說：「只要我們相愛，做什麼都可以！我什麼都不怕！」這樣的女生真的叫男人又愛又怕又捨不得，可以說是「極品」，而這種「敢愛敢恨」的女生，用來擔任「情婦」是最適合的！

（可惜她生在古代，又活在賈府，豈容她如此放肆？最後被趕出賈府、抱病而死，豈止詩萍為她深深歎息，所有《紅樓夢》的讀者應該都會掩卷長歎。）

正宮的終極境界：不恨也不愛——薛寶釵

最後一個是「不敢愛也不敢恨」型的薛寶釵，她根本不愛寶玉，甚至看不起他（一個不知讀書上進，只愛吃女孩胭脂的傢伙）。但是她下定決心要嫁寶玉，一進賈府，從裡到外打點得無微不至，上從賈母、下到丫頭奴僕，就連厲害的王熙鳳都讓她收服了。

（詩萍講到那些「現代王熙鳳」的嘴臉，真是太傳神了，想必他是深有所感、深受其害，開個玩笑：要不是你長得那麼帥，那些王熙鳳會對你更狠的！）

就連應該是她「天敵」的小老婆襲人，也被寶釵拉攏到聯合陣線去了，這女人根本是個「政客」！那個尖酸刻薄又孤僻、超級沒人緣的黛玉哪會是她的對手？

所以她如願嫁給了根本不愛她的寶玉了（雖然寶玉也對她豐腴的膀子動心過，但那只是慾念、並非情愛），即使自己是冒充黛玉出嫁也不要緊，即使嫁的只是一個神智不清的寶玉也無所謂，反正她就是要做一個懂規矩、識大體、有幫夫運的好媳婦就對了，誰都別擋路！

像這樣一切以現實為重、以利益考量（現在有不少女生，在選擇婚姻時，好像也不太把雙方是否相愛列為主要條件），「不敢愛也不敢恨」的寶釵，當然是最適合做「妻」，也就是「大老婆」的囉！

你看這是不是很好玩？女生可以對號入座，看自己是哪一種類型、自己的優缺點在哪裡；男生也可以按圖索驥，看看自己喜歡的、適合的是哪一種女生；甚至可以玩遊戲，猜猜看你認識的人例如苦苓或蔡詩萍，他們最喜歡的是這四個女生中的哪一個？又例如李昂或于美人，她們是哪一種類型的女性？

喔砍砍！你原本一定以為四大小說之中，《紅樓夢》是最老套、最無聊的。剛好相反！《紅樓夢》一點都不無聊，而且新潮的不得了、實用的不得了！「追求你此生的愛情、把握你永遠的幸福，就從閱讀《紅樓夢》開始」——這種廣告好像沒什麼效果吼？算了算了，現在的人連臉書的文字長一點都看不下去，怎麼可能去看連篇累牘的文學小說呢？不如去買一本蔡詩萍的《紅樓心機》來看，還比較實在一點。

還有還有，我上次看《紅樓夢》已經是八百年前的事了，如果小說情節記得不對，還請「巷仔內」（臺語）的人多多包涵，反正大意就是這樣，古人不是也「好讀書，不求甚解」嗎？馬馬虎虎啦！

以上，不管你有沒有學到東西，我們的「一生必上一次國文課」總算可以下課了：起立！敬禮（哪嘸可能？）！解散！（老師請下歌曲：〈功課完畢回家去〉，沒聽過？唉，我真的太老了。）

苦苓作品集 011

苦苓開課，原來國文超好玩！

作　者—苦苓
主　編—陳信宏
責任編輯—王瓊苹
責任企劃—吳美瑤
美術設計—林雅錚
內頁排版—極翔企業有限公司

編輯總監—蘇清霖
董事長—趙政岷
出版者—時報文化出版企業股份有限公司
108019臺北市和平西路三段二四〇號三樓
發行專線—（〇二）二三〇六—六八四二
讀者服務專線—〇八〇〇—二三一—七〇五
（〇二）二三〇四—七一〇三
讀者服務傳真—（〇二）二三〇四—六八五八
郵撥—一九三四四七二四時報文化出版公司
信箱—一〇八九九臺北華江橋郵局第99信箱
時報悅讀網—http://www.readingtimes.com.tw
電子郵件信箱—newlife@readingtimes.com.tw
時報出版愛讀者—http://www.facebook.com/readingtimes.2
法律顧問—理律法律事務所　陳長文律師、李念祖律師
印　刷—盈昌印刷有限公司
初版一刷—二〇二〇年七月十日
初版八刷—二〇二二年一月二十四日
定　價—新臺幣三三〇元
（缺頁或破損的書，請寄回更換）

時報文化出版公司成立於一九七五年，
並於一九九九年股票上櫃公開發行，於二〇〇八年脫離中時集團非屬旺中，
以「尊重智慧與創意的文化事業」為信念。

苦苓開課，原來國文超好玩！/ 苦苓著. -- 初版. -- 臺北市：時報文化，
2020.07
面；　公分. --（苦苓作品集；11）
ISBN 978-957-13-8251-7（平裝）

1.國文科 2.中等教育 3.通俗作品

524.31　　109008315

ISBN 978-957-13-8251-7
Printed in Taiwan